경제학의 역사는 자유의 역사

애덤 스미스부터 카너먼까지

경제학의 역사는
자유의 역사

홍훈표 지음

기파랑

경제학, 자유로운 개인을 꿈꾸다

미적분이 나오는 경제학

경제학은 어려운 학문이다. 경제원론 책을 펼치면 처음부터 그래프가 나온다. 수요와 공급의 그래프인데 여기까진 그럭저럭 이해하더라도 서서히 무차별곡선, 한계효용 등의 말들이 나와 지레 겁을 먹고 책을 덮게 된다. 경제수학이라는 학문에는 미적분도 등장한다. 왜 배우는지 도통 이유도 몰랐던 행렬이 마구 등장한다. 심지어 그 행렬을 미분하다니! 상상도 못할 개념들이 속속 등장한다. 대학 신입생 시절, 친구들 중 일부는 "수학이 싫어서 문과 왔는데 오히려 수학 공부를 더 하는 것 같다"는 넋두리를 늘어놓기도 했다.

왜 경제학은 수학과 친할까? 너무 당연한 질문이다. 경제학이야말로 '돈의 흐름을 따지는 학문'인 만큼 수학과 밀접한 관계가 있다. 매우 엄밀한 계산이 당연히 필요하고 1원 단위까지의 정확한 이해가 없다면 쉽게 경제를 말할 수가 없다. 수학이 붙을 수밖에 없다. 보통 사람들에겐 이자율 5퍼센트나 4.9퍼센트나 큰 차이가 없지만 국가적 차원에서 경제를 다루는 사람들에겐 0.1퍼센트의 차이로 몇조 원이 왔다 갔다 할 수 있다. 그 0.1퍼센트를 결정하는 것이 바로 수학이다.

그러나 우리 대부분의 보통 사람은 수학과 동떨어져 살아갈 수밖에 없다. 경제라는 것은 역시 우리 삶에서 떼놓을 수 없는 부분이고, 그러다 보니 세상엔 경제학 입문서들이 수없이 많이 나와 있다. 그러나 아쉬운 점이 있다면 이들 대부분의 서적들이 수학적으로 너무 난해하거나 혹은 너무 실용적이다. 이런 점은 내겐 왠지 모를 거부감을 불러일으켰다. 마치 몽타주의 거장 에이젠슈타인의 〈전함 포템킨〉, 오손 웰스의 〈시민 케인〉을 모른 채 영상 편집 기술에 대해 논하는 느낌이랄까. 역사적 맥락을 놓치다 보니 깊이 파고들어 가기엔 뭔가 부족해 보이는 것은 어쩔 수 없다.

역사를 아는 게 배움의 기초

그래서 좀 더 역사적 영역으로 한번 돌아가 보기로 했다. 인간이 만들어 낸 모든 학문은 그 역사가 있고 학문의 역사는 당시의 역사적 사건과 떼어뜨려 설명할 수 없기 때문이다. 수학도 마찬가지다. 역시 시대와 떨어질 수 없다. 고대 그리스에서 기하학이 발달한 것은 농지의 측량 때문이고 르네상스 시대에 3차방정식의 해법이 중요하게 된 이유는 금융이 발전하면서 복리 계산을 할 필요가 있어서 그렇게 된 것이다. 수학의 거의 모든 분야가 결국 '필요'에 의해 발생했다는 말이다.

그렇기에 오히려 경제학에 문외한인 사람들에겐 "경제학은 이렇게 시작되었고 어떻게 발전하였으며 어떤 쟁점을 갖고 있을까?"라는 의문이 더 의미 있는 질문일 수 있다. 역사를 알면 근본을 알 수 있게 되고 결국 현실 상황으로 응용하는 것이 더 손쉬운 법이라고 생각한다.

물론 역사의 흐름을 알고 근본을 익힌다는 것은 더 어려워 보이는 일이다. 그러나 "물고기를 잡아 주지 말고, 물고기 잡는 방법을 알려 주라"는 말도 있듯이 어려워 보이는 길이 결국은 더 도움이 되는 법이다. 일반 역사와 경제사 간에 일종의 연결 코드를 만드는 것은 꽤 어려운 일처럼 느껴지지만 한번 술술 그 흐름을 알면 무언가 눈이 번쩍 뜨이는 느낌이 들 것이다. 왜 애덤 스미스는 자유시장 체제를 주장했고 왜 마르크스는 착취를 얘기했을까? 왜 케인스는 정부 개입을 적극 지지했고 왜 신자유주의자들은 규제 철폐를 주장할까? 이런 질문에 대한 답을 갖게 된다는 말이다.

이 답들은 결코 현실과 동떨어진 것이 아니다. 실제로 현실에서 벌어지는 수많은 경제 정책들에 대한 논쟁은 이런 시대적 질문과 그 맥을 같이하고 있다. 독자들도 곧 알게 될 것이다.

역사를 보는 관점

그런데 역사를 보는 데에는 '관점'이 필요하다. 어떤 관점을 갖고 역사를 보느냐에 따라 역사를 다르게 설명할 수 있다. 보름달을 가리키는 사람이 있으면 보름달을 보는 게 정상인데 E. H. 카는 반대로 "보름달을 보지 말고 손가락을 보라"고 했다. 그만큼 '관점'이 중요하다는 말이다. 예를 들어 미국의 남북전쟁을 보는 관점도 그렇다. 우리는 남북전쟁을 흑인 노예 해방을 위한 전쟁으로 볼 수도 있고, 흑인의 계급성을 봉건적 노예에서 현대적 노동자로 전환시키기 위해 벌어진 전쟁으로 볼 수도 있다.

　역사 속을 걸어온 위대한 경제학자들을 다루기 위해 나는 어떤 역사적 관점을 가질 것인가? 내가 가진 관점은 경제학의 역사가 '개인의 자유의 가치를 증명해 온 역사'라는 것이다. 기본적으로 경제학은 각각의 개인이 모두 동등한 자격으로 거래를 할 수 있는 '시장'이라는 걸 전제한다. 개인들이 서로 동등한 자격이 아니라면 약탈과 착취만 있을 뿐이다. 나보다 높은 사람에게는 복종하고 나보다 천한 사람은 깔보고 빼앗는 사회다. 바로 봉건주의 시대다. 물론 이런 곳에서도 화폐는 존재하고 시장에서의 교환 행위도 있다. 하지만 이런 '자생적 질서'는 오래 유지되기가 힘들다. 자칫하면 전쟁이 나서 왕과 영주가 물건을 다 걷어 가는 일도 있다. 혹은 외세가 쳐들어와 농작물을 약탈해 가는 일도 있다. 이런 세계에서는 제대로 된 경제학이 있을 수 없다. 그냥 뭐든지 많이 갖고 있으면 최고고, 부족하면 옆 나라에서 뺏어 오면 된다.

애초에 경제학의 시작부터가 계몽주의와 함께였다. 즉, 인간 개개인에게는 소중한 인권이 있다는 믿음, 그렇기에 모든 인간은 평등하고 자유로워야 한다는 믿음이 바로 경제학의 시작이다. 처음부터 완벽하지는 못했지만 점점 개인들이 평등해지고 자유로워지는 과정이 시작되었기에 화폐와 시장과 교환행위가 지속적으로 유지될 수 있게 되고 이를 분석하고 현실에 적용할 필요가 생기는 것이다.

그렇기에 경제학은 기본적으로 '개인의 자유'를 존중할 수밖에 없다. 경제학을 공부하다 보면 개인의 자유에 확신을 갖게 된다. 그렇기에 경제학자들은 자유를 보편적으로 확대시키기 위해 노력하는 것이며 이를 위해 사람들을 '모두 다 잘살게' 하고 싶어 한다.

물론 '개인의 자유'를 잘못 해석해서 '자유의 확대'라는 도도한 흐름이 비뚤비뚤 흐트러진 경우도 많다. 나치즘이라든가 공산주의 등이 바로 그것이다. 그런 게 세상사인지도 모른다. 비록 중간에 거꾸러짐이 있어도 결국에는 대의를 향해 나아가는 것 말이다. 빙글빙글 돌면서 말이다.

개인의 탄생

새로운 시대의 도래

"신만이 진리다"

유럽의 중세는 '암흑시대'라고 불릴 만큼, 오직 신만 바라보며 살아간 시절이었다. 모든 생각과 행동의 기준이 오직 신이다 보니 다른 것을 생각할 겨를이 없었다. 신의 섭리가 엄연히 존재하는데, 굳이 세상의 진실을 탐구하는 수학이나 과학을 연구할 필요가 없었다.

학문은 시대의 요구에 맞게 발전하는 법이다. 주기적인 범람으로 매번 새로 땅을 측량해야 했던 이집트에서 기하학의 씨앗이 발아한 것도 그러한 이유이다. 상업이 발전한 아라비아에서 기초적 방정식 체제가 시작된 것도 그러한 이유이다.

중세는 오로지 신에게 모든 것을 묻던 시절인 만큼, 신학이 모든 학문의 여왕이고 다른 학문의 발전 여지는 없었다. 신의 답이 곧 진리요, 행동 기준이었다. 자연히 왕보다도 교황과 사제의 권한이 막강할 수밖에 없었다.

그러던 차, 예루살렘이라는 '신의 땅'을 되찾기 위한 노력의 일환으로 1096년부터 200년이나 계속된 십자군 원정이 유럽에 가져다 준 충격은 어마어마한 것이었다. 비록 원정을 치를 당시 유럽인들이 즉각 깨닫지는 못했지만, '다른 세계'와의 만남이 가져다준 충격은 유럽의 정치와 사회, 경제, 문화 등 거의 모든 부분에 걸쳐 지대한 영향을 끼쳤다.

우선 오랜 기간 외면을 받아 왔던 고대 그리스 수학이 아라비아를 거쳐 유럽에 다시 역수입되었다. 피타고라스(기원전 580~전 500)나 아르키메데스(전 287?~전 212)가 다시 유럽에 알려진 것이다. 향신료는 유럽의 음식 문화에 있어 빼놓을 수 없는 것이 되었다.

케빈 코스트너가 나오는 영화 〈로빈 후드〉를 보면 망원경이라는 걸 처음 본 로빈 후드가 화들짝 놀라는 장면이 있다. 동방 세계의 발전된 과학 기술은 처음에는 유럽인들에게 마법으로만 비춰졌다. 그러나 점차 유럽인들도 과학 기술이 생활을 획기적으로 개선시키는 훌륭한 도구라는 점을 이해하게 되었다. 자연히 유럽과 동방의 교류가 늘어나기 시작했다.

교역의 증가는 천 년 동안 굳건하던 신분 체계를 흔들기 시작했다. 대표적인 것이 이탈리아 메디치 가문의 성장이다. 지중해 교역의 길목에 위치한 장점 덕분에 메디치 가문은 무역 중계로 막대한 부를 쌓을 수 있었다. 이들은 막대한 부를 토대로 예술가들과 지식인들의 후원 활동에도 전념했다. 레오나르도 다빈치(1452~1519)가 대표적이다. 이탈리아 르네상스의 발원이었다.

현대에 이르러 르네상스의 시작과 실체, 그 효과에 대해 많은 역사학자들이 논쟁 중이다. 하지만 근본적으로 르네상스가 '근대로의 변화가 눈에 띄기 시작한 시기'라는 점은 분명하다. 이 시기 지식인들은 아랍의 지식을 흡수하면서 경험적인 태도로 현세 지향적 태도를 가지게 된다. 아울러 인쇄술이 발달하면서 지식이 폭넓게 확산될 수 있는 기반도 다졌다.

그때까지 유럽을 지배했던 종교마저 무너지기 시작했다. 그 이전에 "오직 신만이 진리이며 정의"라고 생각했던 중세 사회에서 모든 과학적 질문은 의미가 없었다. 무슨 의문을 던져도 "성경에 따르면"이라고 대답하는 사회에 무슨 발전이 있겠는가? 그러나 과학이 들어오고, 실제 현상에 대한 관찰과 실험이 누적되면서 신에 대한 의문이 자라났다. 종교재판소가 협박에 가까운 판결로 갈릴레오에게 그의 실험을 부정하라고 했을 때 (진위 논쟁은 있지만) 그가 속삭였다는 "그래도 지구는 돈다"라는 말은 그래서 상징적이다. 가톨릭의 위상은 그렇게 현저히 떨어져 갔다.

물론 그 영향이 이탈리아에만 있었던 것은 아니다. 프랑스나 영국, 스페인 등에도 무역의 영향으로 신흥 부유층이 다수 생겨났다. 신흥 상인들이 부를 쌓으면 쌓을수록 이들은 자신들을 든든하게 지켜 줄 존재를 필요로 하게 됐다. 기존의 교황 체제로는 자신들의 부를 지킬 수가 없었다.

당시 교황-주교-사제들은 종교적 권위를 앞세워 부자들을 얕보는 사람들이었지만 속을 까 보면 이들의 부패는 극에 달할 대로 달했던 상황이었다. 신흥 부자들 입장에서는 이들을 '종교인'으로 우러러볼 이유가 없었다. 막상 실제 세상을 움직일 힘은 자신들에게 모이고 있으니 말이다. 그래서 신흥 부유층 일부는 직접 군대를 가져 보기도 했지만, 그보다는 국가 체제가 자신들을 보호하는 것이 더 이익이라고 생각했다. 직접 군대를 갖는 건 너무 비용이 컸다. 왕권 강화의 기미가 서서히 보이기 시작했다.

실제로 전쟁이 비일비재하기도 했다. 상업이 발달하면 자연히 이를 노리는 존재가 생기기 마련이다. 서로의 부를 빼앗으려는 전쟁이 잇따라 터지기 시작했다. 1337년부터 1453년까지 프랑스와 영국이 벌였던 백년전쟁은 겉으로는 왕위 계승권을 둘러싼 시비였지만 실제로는 모직과 포도의 중요한 산지였던 플랑드르와 기엔 지방을 점유하려는 싸움이었다.

민족의 탄생

이렇게 오래 전쟁이 지속되면 자연히 기존의 봉건적 군대 체제는 한계에 이르게 된다. 군대라는 조직은 근본적으로 중앙집권적일 수밖에 없다. 한 명의 리더가 다른 장군들에게 명령을 내리고, 그 장군들은 병사들에게 명령을 내려야 한다. 그래야 승리할 가능성이 높아진다. 군인 모두가 자유분방하게 각자의 방침대로 싸운다면 결과는 당연히 패배로 귀결된다. 결국 기존의 봉건적 군대 체제는 점점 사라지고 한 명의 지도자를 중심으로 하는 체제가 절실해지는 것이다.

봉건 시대의 왕과 영주는 형식적으로 주종 관계를 유지하고 있었다. 하지만 실질적으로 왕은 영주들의 대표에 불과했다. 이 오랜 체제가 흔들리면서, 새로운 질서를 뒷받침할 새로운 사상과 새로운 학문이 절실히 필요해졌다. 마키아벨리(1469~1527)의 『군주론』이 1513년에 발표된 것은 결코 우연이 아니다. 과거의 봉건국가가 국민국가로 재편성되는 시기에 절실히 필요했던 것이 군주의 덕목이었던 것이다. 이렇게 갑자기 커다랗게 '국민'이라는 개념을 만들기 위해서는 국민 간의 동질성을 찾아내어야 한다. 이때 찾아낸 개념이 바로 '민족'이었다. 민족에 대한 개념이 이때에 이르러 최초로 등장했다.

"우리는 머리색이 같고 생긴 것도 비슷하고 같은 말을 쓰니까 같은 민족이야"라는 식으로 만들어 낸 이 개념은 사실 그 기초가 불분명하다. 진정으로 혈연의 유사성을 찾으려면 그 기초는 오직 '가족'밖에 없다. 가족 외의 다른 '공동체'는 그 근본이 너무 불확실하다. 우리 대한민국 국민들조차 사실은 그렇다. 한민족이라고 하지만 그중에 예전 몽골인의 피, 중국인들의 피, 일본인들의 피가 다 섞여 있다.

그러나 민족이라는 개념은 꽤 매력적인 것이다. 사람은 본능적으로 어떤 '공동체'에 속하고 싶어 하는 경향이 있다. 안 그러면 자기가 세상에 혼자 동떨어진 듯 느껴지기 때문이다. 그렇게 민족이라는 개념은 쉽게 퍼져 갔고 민족국가라는 게 유럽에 드디어 발생하기 시작했다.

이렇게 시작된 유럽 민족국가의 왕들은 점점 늘어나는 권력을 유지하기 위해 두 가지 방법을 찾았다. 바로 관료제와 상비군이다. 관료제는 기존의 정치 체제를 대체하는 것으로, 권력의 핵심이 왕이라는 것을 분명히 하는 제도였다. 피라미드식으로 조직을 꾸려 왕이 모든 권력의 정점에 있게 만든다.

상비군은 왕이 언제든 군대를 동원할 수 있는 제도다. 기존에는 왕이 소집령을 내리면 영주들이 군대를 이끌고 달려와 도와주는 형식이었다. 하지만 이제 왕은 알아서 군대를 동원할 수 있게 되었다. 군인이라는 직업이 최초로 생겨났다.

왕에게 군대라는 무기가 생기니 당연히 영주들보다 힘이 강해졌다. 결국 영주들의 권력 비중은 점점 줄어들고 왕에게로 권력이 집중되기 시작했다. 중세 때처럼 교황이 허락을 해 주어야 왕으로 인정받던 시절은 지나가 버렸다. 심지어 '왕권은 하늘에서 내려준 것'이라는 왕권신수설도 등장했다.

이 두 제도를 유지하기 위해서는 막대한 예산이 소요된다. 새로 급부상한 상인 계급이 힘을 빌려줬다. 왕과 상인, 두 계층의 이익이 서로 맞아떨어진 셈이다. 결국 독점을 옹호한다거나 무역에 대해 높은 관세를 매기는 등 상인들의 이익을 보호하는 정책을 왕은 발표했다. 그 대가로 상인들이 왕에게 많은 세금을 낸 것은 물론이다. 결국 상인들의 부를 증대시켜 국가의, 즉 왕의 부도 증대시킨다는 상호의존 관계가 성립됐다.

개신교의 탄생 역시 너무 커진 왕의 권력을 강화하기 위해 발생한 측면이 있다. 이미 기존 로마가톨릭교회가 '면죄부'로 대표되는 부패로 물들어 버린 상황에서, 왕들은 자신의 권력을 더 이상 교황에게 인정받기가 싫었다. 종교개혁의 선구자 마르틴 루터(1483~1546)를 보호하던 독일 작센의 프리드리히 영주를 신성로마제국의 황제 막시밀리안이 응원한 사실은 당시 종교개혁에 대해 왕들이 갖던 심정을 짐작케 한다. 영국에 국교회(성공회)를 정착시킨 여왕 엘리자베스 1세가 즉위한 해가 1558년이라는 점도 마찬가지 맥락이다. 국교회의 수장은 교황 등 다른 사람이 아닌 바로 영국의 왕이다.

중상주의 대 중농주의

중상주의

이러한 당시의 경제 상황을 지지했던 사상을 현대에는 싸잡아 중상주의(mercantilism)라고 부른다. 사실 당시 중상주의라는 말이 있었던 것은 아니다. 애덤 스미스가 루이 14세(1638~1715)의 재상이었던 콜베르(1619~1683)의 경제 정책을 비판하면서 사용한 'the commercial or mercantlie system'이라는 말에서 '중상주의'라는 말이 유래됐다는 게 정설이다.

이때는 아직 '경제학'이 학문으로서의 정체성을 갖추기 전이라 중상주의 사상을 획일적으로 정의할 수는 없다. 하지만 대체적으로 중상주의는 국내 산업의 보호와 금·은의 획득을 위한 높은 관세를 경제활동의 주된 목적으로 한다. 결국 상인들에게 최대한의 이권을 보장해 주는 사상에 다름 아니다. 그렇게 해서 상인들이 지원하는 왕의 권력까지 공고히 유지시키는 것이다. 일반 국민들의 경제적 성공을 위한 학문이 결코 아니었다.

흔히들 절대왕정의 가장 대표적 상징으로 꼽히는 루이 14세 역시 강력한 중상주의 정책을 펼치며 상인층의 절대적 지지를 받은 인물이다. '태양왕'으로도 불리는 루이 14세는 "짐은 곧 국가다"라는 말을 남겼다. 베르사유 궁전을 천천히 둘러보다 보면 "과연 17세기 후반에 이런 호화

찬란한 문화를 누린다는 것이 가능한 일일까?"라는 생각마저 든다.

이 당시는 결국 봉건의 잔재가 아직 사라지지 않은 시절이었다. 경제학이란 학문조차 없었다. 국민 모두의 부를 생각하기보다는 오로지 왕과 지배층의 권력 강화와 부 획득이 생각의 주요 방향이었던 시절이다.

그러나 모든 일에는 한계가 있기 마련이다. 2세기 반 동안 유럽을 호령했던 중상주의도 서서히 몰락의 길로 접어들기 시작했다.

중상주의가 한계를 보이기 시작한 가장 큰 이유는 왕가의 재정에 서서히 부담이 오기 시작했기 때문이다. 관료제와 상비군이라는 것은 원래 돈이 많이 드는 제도일 수밖에 없다. 특히 관료제라는 것은 저절로 자기 몸을 불리는 습성이 있다. 아래 예화처럼 말이다.

학급반장을 맡고 있던 동그라미 어린이. 처음에는 의욕이 넘쳐서 이것저것 혼자 다 해 보려 하지만 결국 혼자 힘만 빼는 일이라는 것을 깨닫고 일을 적당히 나누어서 학급회의 임원들을 뽑는다. 그런데 임원들도 조금 하다가는 결국 자기 편하자고 임원 밑으로 담당들을 또 뽑는다. 끝내 임원들끼리 갈등도 생기는데, "왜 내 담당 부서보다 쟤네한테 학급회비를 더 주는 거야?"라는 식이다. 밑에 담당을 더 뽑아서는 말한다.

"우리 부서가 몸집이 불어나서 예산이 더 필요해. 좀 더 줘."

이런 일은 시간이 지날수록 계속 발생하고 결국 처음에 동그라미 어린이 혼자 어떻게든 해 보던 학급회 일은 점점 비대해지는데 효율은 거의 없어져 갔다.

이런 일은 실제로 현대사회에서 비일비재하게 볼 수 있는 일이다. 애초에 인간이 매너리즘에 쉽게 빠지고, 권력욕이 강하기 때문에 생기는 일이다.

이런 일이 절대왕정 하의 관료제에서도 일어났다. 왕은 자신의 권력을 자랑하기 위해 점점 사치를 부릴뿐더러 밑에서 일을 처리해 주는 사람의 숫자도 계속 늘어나는 것이다. 비용이 늘어날 수밖에 없다. 적자 폭이 커질 수밖에 없었다.

정리해 보면 결국 중상주의는 부와 권력을 누리던 왕과 귀족들의 기호에 맞는 것이었다. 덕분에 중상주의는 250여 년간 유럽의 경제사상을 지배했다. 그러나 중상주의도 결국 한계에 부딪혔다. 관료제가 발달하고 왕가의 지출이 늘어나면서 기존 수입으로는 재정 부담을 감당하기가 버거워졌다. 자연히 일반 백성들에 대한 핍박과 착취가 더욱 늘어났다. 이런 배경에서 중농주의가 18세기 중후반 유럽을 풍미하기 시작했다. 기존의 경제사상으로는 더 이상 사회가 유지되지 않는다는 위기감의 표현이었다.

중농주의자들

이 당시 새롭게 등장해 유럽을 풍미한 경제사상은 중농주의였다. 오직 금과 은에서 모든 가치가 나온다고 생각했던 중상주의와 달리, 중농주의자들은 모든 가치가 결국은 농업에서 나온다고 생각했다. 당시 파멸적 상태에 이르렀던 농업에 대한 일종의 구제책이자 나름의 존경이 었던 셈이다. 중심 인물은 프랑스의 케네(1694~1774)라는 사람이다. 케네는 루이 15세의 궁정 주치의를 역임했던 사람이기도 하다.

이들의 주장은 역사상 최초로 경제 현상을 분석한 이론이라고 알려진 '경제표(tableau économique)'라는 것에서 알 수 있다. 한 나라의 3계급, 농민과 장인, 소유자들의 재화와 용역 순환 과정을 지그재그로 표현한 것이다. 여담으로 이 '경제표'를 완벽하게 이해한 사람은 이를 만든 케네 한 사람뿐이었다고 한다. 심지어 수제자인 미라보 후작(1715~1789)조차 이를 이해하지 못했다고 하니, 그만큼 중농주의는 복잡하고 실생활과 동떨어져 있었다.

그런 점에서 보면 중농주의자들의 이론은 결국은 너무 현학적이고 지적 허영, 자기 과시적인 측면이 있는 것 같다. 그럼에도 불구하고 이들 주장 상당 부분이 '경제학의 아버지' 애덤 스미스에게 영향을 준 것도 사실이다. 실제로 애덤 스미스는 유럽을 여행하면서 중농주의자들과 많은 교류를 가졌다. 스미스는 이들 주장 대부분에 대해 동의하지 않았지만 일부는 끌어들여 『국부론』에 반영했다.

중농주의자들의 핵심 주장은 다음과 같다. 첫째, 부는 금과 은의 획득에서 비롯되는 것이 아니라 오직 생산 활동에 의해서만 비롯된다. 둘째, 상인과 제조업자들은 부의 순환에 관여할 뿐으로 부를 생산하는 것은 오직 농민뿐이다. 이들은 이런 주장에 근거해 규제 철폐와 정당한 세금 부여 등을 촉구했다.

계몽의 시대

이 당시 유럽에서 가장 인기 있던 정치사상은 바로 계몽주의였다. '자연의 빛을 다방면에 미치도록 하는 것으로 구습을 타파하자'는 계몽적 사상이 유럽인들에게 널리 인기를 얻고 있었다. 우리가 잘 아는 계몽주의자들로는 몽테스키외(1689~1755), 볼테르(1694~1778), 루소(1712~1778) 등이 있다.

실상 계몽주의는 그 뿌리를 종교개혁에 두고 있다. 신을 만나기 위해 더 이상 교황—주교—사제로 이어지는 신의 대리자들을 통할 필요가 없어졌다. 당시 부패할 만큼 부패했던 종교인들은 신의 대리인 자격조차 없다고 지식인들은 생각했다. 신을 만나는 데 대리인이 꼭 필요한가? 그냥 내가 직접 만나면 되는 것 아닌가? 이렇게 오로지 신과 개인이 일대일로 만나는 것, 그것이 바로 개신교의 핵심이었다. 오로지 라틴어로만 존재했던 성경이 각 나라 언어로 번역되기 시작한 것도 그런 이유다. 성경을 읽을 수 있는 대리자들이 중요한 것이 아니라, 성경을 교인이 스스로 직접 읽는 것이 중요하다는 것을 당시 사람들이 공감했기 때문이다. 이렇게 개인을 중시하다 보면 결국 개인이 가진 큰 자질, 즉 이성에 눈길을 줄 수밖에 없다.

계몽주의 역시 여러 종류가 있으나 그 공통점은 역시 인간의 이성을 가장 중시한다는 점이다. 그런데 이성을 강조하다 보면 그 이성을 갖고 있는 인간에 대한 존중이 절로 나올 수밖에 없다. 결국 계몽주의는 필연적으로 인간 각 개인의 자유와 평등을 강조하게 된다. 자유라는 개념이 드디어 등장한 것이다.

그러다 보니 사회계약설도 나온다. '이성에 의한 합리적 계약'(루소)이든 '만인의 만인에 대한 투쟁'(홉스)이든 결국 왕이라는 권력이 신이 내려 주신 게 아니라 모두의 동의에서 생긴 것이라는 생각은 당시로서는 혁명적이기 이를 데 없는 사상이었다. 왕권을 강화하기 위해 왕들이 힘을 밀어 주었던 종교개혁의 바람이 결국 왕권의 약화로 부메랑처럼 돌아왔다. 아이러니한 일이다. 볼테르가 1734년 발간한 후 '구체제(앙시앵레짐)에 던져진 최초의 폭탄'이라고 평가받는 책 『철학 서간』을 프랑스 정부가 금서로 지정한 이유도 이런 배경에서다.

애덤 스미스가 평생을 두고 사귀었던 친구 데이비드 흄(1711~1776)의 『인성론』이 교회의 대학에서 금서로 꼽힌 것도 마찬가지 맥락이다. 불과 26세의 나이에 썼다는 『인성론』은 저자의 무신론적 성향을 드러내면서 이성 강조, 합리론, 계몽주의 이론을 펼친 명저다.

이렇게 서서히 유럽에서는 개인의 자유와 평등을 인정하는 시대가 다가오고 있었다. 그럼에도 여전히 많은 왕들의 행태는 변하지 않았다. 여전히 금과 은을 축적하는 데에만 집중했고 과거의 영광에 몰두해 살았다. 자연히 민중들의 삶은 척박하기 이를 데 없었다.

'왕이 없는 나라' 미국의 탄생

1765년 영국은 식민지였던 미국에 인지조례를 내라고 알려 왔다. 이는 미국인들 입장에서는 불합리한 일이었다. 인지조례란 영국 본토 내의 신문, 카드, 공문서 등 각종 법률 문서에 부과해 오던 세금이었는데 이를 영국이 일방적으로 미국으로까지 확대한다고 '통보'한 것이다. 이때 등장한 유명한 구호가 '대표 없이 세금 없다'이다. 결국 1773년 보스턴 차 사건으로 미국의 독립운동이 심화되기 시작했고 1776년 7월 4일 제3차 대륙회의에서 미국은 독립을 선언한다. 초대 대통령은 조지 워싱턴 (1732~1799)이 맡았다.

〈멘탈리스트〉라는 미국 드라마의 한 장면 중에 어떤 사람이 술집에서 연설하는 모습이 있다. 그가 "이 나라는 누가 만들었습니까?"라고 묻자 듣던 청중들이 일제히 "바로 우리 자신들이 만들었다!"고 외친다. 멋진 자긍심이다.

미국의 독립이 당시 유럽에 끼친 충격은 상당한 것이었다. 일개 식민지가 국가로 재탄생하다니! 분명한 것은 이 당시 미국 독립이 전하는 메시지가 아주 분명했다는 사실이다. 자유로운 국민들이 모여서 지도자를 선출하는 민주주의 체제! 그 숱한 계몽주의자들이 외치던 사회계약설이 실현된 국가! 이 얼마나 강력한 유혹인가?

그런데 당시 영국에서조차 미국 독립에 대한 반응은 천차만별이었다. 물론 대부분은 미국 독립에 대해 부정적이었다. 자국의 식민지가 없어진다는데 좋아할 사람은 별로 없다. 하지만 에드먼드 버크나 애덤 스미스 등 일부 지식인들은 비난을 무릅쓰고 미국 독립을 지지했다. 그것이 '더 옳기 때문'이라는 확신이 있었기 때문이었다.

에드먼드 버크(1729~1797)는 보수주의의 아버지로 불리는 사람이다. 미국 독립 직후인 1789년 터진 프랑스 혁명을 보면서 그가 저술한 『프랑스 혁명에 대한 고찰』이라는 책이 우리에겐 잘 알려져 있다. 여기서 그는 "왕의 목을 자르는 것이 과연 민주주의라는 것의 정체인가?"라고 외친다. 그러면서 자국이 거쳐 온 명예혁명 등 평화로운 변화의 과정에 더 주목했다.

이렇듯 '보수주의 아버지'라고 불리는 버크가 그야말로 엄청난 사회적 변화인 미국 독립을 지지한 이유는 영국이 미국인들을 억압하고 있다는 사실 때문이었다. 결국 그의 관점은 '개인의 자유'를 주목하자는 것이다.

애덤 스미스의 관점도 크게 다르지 않다. 스미스 역시 '개인의 자유'에 주목하는데 그런 관점은 『도덕감정론』에 충분히 보인다. 더욱이 스미스는 경제학의 아버지답게 미국 독립의 경제적 효과까지 주목했다. 그 핵심은 "현재 영국이 식민지로부터 벌어들이는 이익보다 식민지를 관리하는 데 드는 비용이 더 많다. 차라리 자유무역을 하는 것이 서로 더 이익"이라는 것이다. 왜 이런 생각이 나왔을까?

이기심은 어떻게 모두의 이익이 되나

애덤 스미스

"우리가 저녁 식사를 기대할 수 있는 건 정육점 주인이나 양조장 주인, 빵집 주인의 자비심 덕분이 아니라, 그들이 이기심, 즉 돈벌이에 더 관심이 있기 때문이다"(애덤 스미스, 『국부론』).

경제학을 전공한 사람이라면 이런 오해를 마주칠 때마다 안타까운 생각이 드는 게 당연하다. 실제로 애덤 스미스가 사용한 용어는 '이기심(selfishness)'이 아니라 '자기이익(self-interest)'이었기 때문이다. 비슷해 보이지만 꽤 큰 의미 차이가 있는 이 두 용어를 단지 '이기심'이라는 말로만 해석한 것, 이것이 어찌 보면 애덤 스미스에 대한 (최소한 우리나라에서의) 거대한 오해의 시작인 것 같다.

이기심은 인간의 본성

『도덕감정론』

애초 경제학이라는 것은 인간의 경제활동을 분석하고, 그에 따른 가치의 발생을 주목하고, 그에 따른 가치의 흐름을 연구하는 학문이다. 결국 모든 것이 인간의 행동에서 시작하는 것이다.

역사에 남은 모든 훌륭한 사상가들이 그렇듯, 애덤 스미스(Adam Smith, 1723~1790)도 자신의 논리를 펼치기 위해 철저한 기초 작업을 했다. 바로 인간 본성의 정립이었다. 이는 훌륭한 선택이었다. 스미스가 전제한 인간 본성의 기본은 다음 두 가지이다. 첫째, 모든 인간은 잘살기를 원한다. 둘째, 모든 인간은 교환의 습성을 갖는다.

『도덕감정론』에서 애덤 스미스는 이 두 가지 본성이 어떻게 인간의 도덕적 행동을 유발하고 사회가 유지되는지 분석했다. 그리고 『국부론』에 이르러서야 가치의 발생과 그 흐름을 추적하는 것이다. 실제로 애덤 스미스가 자신을 '경제학자'라고 생각한 적은 없다고 한다. 오히려 그는 스스로를 철학자 혹은 윤리학자로 정의했다.

아무튼 이 두 전제를 함께 생각해 보면 이렇다.

"잘살기를 원하는 인간들은 교환이라는 행동을 통해 목적을 이루어 간다."

이 말은 지당하다.

초반에 언급한 애덤 스미스의 말이 불러온 오해에 따르면 애덤 스미스는 '인간의 이기심'만이 경제발전을 가져왔다고 주장했다고 한다. 그렇다면 뭔가 모르게 듣기 불편한 측면이 있다.

물론 인간은 이기적인 존재만은 아니다. 인간이란 존재는 원래 선과 악이 뒤섞인 존재라서 무조건 착하게 행동하지도 않지만 무조건 악하게 행동하지도 않는다. 인간이란 워낙 복잡한 존재인 것이다. 그 실체를 파악하기가 쉽지 않다. 오죽하면 인간에 대해 그토록 심오하게 탐구한 동양사상에서조차 '성선설' '성악설' 등이 아직까지도 치열하게 사람들의 머릿속을 헤집고 있을까?

'이기심'에 대한 오해를 풀자

특히 우리나라 사람들은 500년 넘게 유교의 영향을 받아서 공동체에 대한 신뢰와 의존이 강하다. '이기적 인간'이란 말은 그 자체로 심한 거부감을 불러일으킨다. '이기심'을 국어사전에서 찾아보면 '자기이익만을 추구하고 남을 돌보지 아니하는 마음'이라고 나온다. 나는 학창 시절 '이기주의자와 개인주의자의 차이'에 대해 배우면서 위 국어사전의 정의가 깊이 마음속에 남았다. 다른 분들도 비슷하리라 본다. 이런 상황이니 "인간은 이기적 존재"라는 선언을 들으면 일단 거부감이 생기는 것이다.

그러나 애덤 스미스가 진짜 말하고자 했던 것은 이기심이 아니었다.

그보다는 오히려 '내 이익'이라는 말이 더 정확하다. 이런 점에서 보면 용어 선택이라는 것이 참 중요하다. 과거 널리 쓰이던 '자본주의'라는 말이 서서히 '시장경제'로 바뀌는 것도 그렇다. 자본주의라는 말은 마치 '자본'을 중심에 놓는다는 어감이 강했다. 그래서 자본의 노예, 자본과 노동의 대결이라는 구시대적 대결 구도가 아직도 프레임으로 존재하는지도 모른다.

애초 애덤 스미스는 『도덕감정론』에서부터 인간을 이기적 존재로만 보지도 않았다. 인류가 도덕적으로 행동하는 이유는 우리에게 '양심'이라고 할 만한 커다란 행동 기준이 있기 때문이라는 것이다. 그러므로 인간이라면 자신의 이익을 추구할 수밖에 없지만 마땅히 그 이익은 다른 사람과의 공존을 통해 이루어야 한다는 주장이다.

그런 관점에서 '인간의 이기심'이란 말도 제대로 바뀌어야 한다. 이제부터라도 '이기심'과 '내 이익'의 미묘한 차이를 설명하기 위해 조금 다른 생각을 해보자.

교환과 분업

애덤 스미스가 『국부론』을 발표한 것은 1776년 3월이다. 루이 15세가 죽은 지 약 2년이 지나서였고 미국 독립선언 4개월 전이었다. 중농주의 시대는 『국부론』의 등장과 함께 종말을 고했다. "책이 잘 팔리지 않을 것"이라는 흄의 안타까움 섞인 우려에도 불구하고 『국부론』은 날개 달린 듯 팔려나갔고 유럽 국가들의 지대한 관심을 받았다.

주목해야 할 바는 『국부론』의 원제가 *An Inquiry into the Nature and Causes of the Wealth of Nations*라는 점이다. 즉, 애덤 스미스는 한 국가(nation)의 부를 탐구한 것이 아니라 국가들 공동(nations)의 부를 탐구했다.

그 이유는 스미스가 결국 부가 발생하는 기본 원인을 '교환'으로 바라봤기 때문이다. 교환이라는 행위는 결국 두 당사자가 있어야 하기 때문이다. 한 나라가 다른 나라를 착취하면서 부를 얻는 것이 아닌, 두 나라가 상호 교류하면서 같이 발전하는 것. 이것이 『국부론』이 지향하는 세계일 것이다.

이렇듯 애덤 스미스가 생각한 교환의 가치는 무궁무진하다. 참고로 20세기 중반을 풍미한 구조주의 문화인류학자 레비스트로스(1908~2009)는 같은 논리에서 시작해 인류 발달사를 추적한다. 이를테면 '교환에 대한 욕구' 덕분에 인류는 근친상간만 하다가 자멸하는 것에서 나아가 종족 간의 혼인을 통해 진화론적으로 더 발전한다는 식이다.

교환의 힘은 어디서 나오나

그렇다면 교환은 어떤 메커니즘을 통해 가치를 만들어내는 것일까? 사실 이는 어려운 얘기가 아니다. 어렸을 때를 생각해 봐도 답이 나온다.

나는 어린 시절 집착하던 놀이 카드가 있었다. 이런저런 천사와 악마 캐릭터들이 등장하는 것이었는데 껌을 사면 그 안에 들어 있었던 것 같다. 그런데 그 카드가 종류가 거의 무궁무진해서 모든 카드를 모으는 게 여간 힘든 게 아니었다. 껌 포장지 속에 카드가 무작위로 들어 있으니 없는 종류를 모으려고 해도 그게 운이 따라 줘야 하는 일이었다. 점점 껌보다는 카드에 집착하면서 나는 껌은 씹지도 않으면서 구매를 하는 지경에 이르렀다. 자주 나오는 카드는 수십 장씩 쌓이는데 정작 원하는 카드는 못 구하는 상황이었기 때문이다.

나와 같은 취미를 가진 친구도 하나 있었는데, 그 친구도 비슷한 처지여서 중복되는 카드가 많았다. 그러다가 서로 없는 카드가 상대방에겐 여러 장 있다는 걸 알게 됐고, 당연히 우리는 흔쾌히 교환했다. 내가 여러 장 갖고 있던 건 내겐 가치가 별로 없었지만 그게 없던 내 친구에겐 굉장한 가치였던 것이다. 그 반대도 마찬가지다.

이렇듯 교환은 자신에게 남는 것을 주고 자신에게 부족한 부분을 채우기 위해 발생한다. 원시적 형태의, 최초의 교환 행위도 이렇게 일어났을 것이다. 이 교환이라는 것을 용이하게 하기 위해 발명된 것이 화폐다. 숫자는 일종의 기준이 되기 때문이다. 배 3개와 사과 5개가 같은 교환가치를 갖고 사과 3개와 딸기 20개가 같은 교환가치를 갖는다고 하자. 배와 딸기를 교환할 때에는 어떻게 해야 할까? 잠깐 머리가 복잡해진다. 그러지 말고 배는 600원, 사과는 360원, 딸기 54원 하면 간단한데 말이다.

교환행위를 통해 가치도 발생한다. 유럽과 동방 세계와의 교역 이야기로 다시 돌아가 보자. 당시 상인들은 무역을 통해 상당한 이윤을 쌓았다고 했다. 이도 역시 교환을 통해 가치가 생긴다는 말의 직접적 예가 될 것이다.

가치와 가격

그런데 가치와 가격은 다른 말이다. 예를 들어 물이 없으면 우리는 살 수가 없다. 가치가 높을 수밖에 없다. 반면에 가격은 '현실적으로 발견된 경험적 척도'라고 하자. 우리가 그 물건을 얻기 위해 지불할 용의가 있는 화폐의 양이다. 엄청난 '가치'를 갖는 물보다 우리는 다이아몬드 한 알에 더 높은 '가격'을 지불한다.

희소성 때문이다. 세상에 넘쳐흐르는 것보다는 구하기 힘든 것이 더 가격이 높다. 대학 시절 내 주된 취미 중 하나는 고전영화 감상이었다. 당시에는 옛날 영화 하나 보기가 쉬운 일이 아니었다. 비디오로 출시됐던 〈국가의 탄생〉이나 〈칼리가리 박사의 밀실〉 등은 어찌어찌 봤지만 명작이라고 회자되는 베르너 헤어조크 감독의 1972년작 〈아귀레, 신의 분노〉는 끝내 구할 수가 없었다. 그 영화는 최소한 내게만큼은 굉장한 희소성을 갖던 작품이었다. 그래서 내내 아쉬웠는데 지금은 어떤가? DVD나 인터넷을 통해 얼마든지 보고 싶은 영화를 구해서 볼 수 있다. 그래서 굉장히 즐거운 시절을 보내다가 최근에 든 생각이 있다.

'이제 영화 보기가 예전처럼 즐겁지가 않아.'

나이를 먹고 생활에 찌들어서도 그렇겠지만 어쩌면 아무래도 영화가 예전처럼 귀한 재화가 아니기 때문일지도 모른다. 너무 구하기 쉽기 때문에 오히려 귀하게 생각되지 않는 것이다. 인터넷의 발달이 가져온 복잡한 심정이다.

아무튼 태초부터 있어 왔던 교환이라는 행위를 통해 우리 인류는 문명을 이루고 발전을 거듭해 지금에 이르렀다. 애덤 스미스가 말한 대로 교환행위야말로 인류의 가장 기본적 습성 중 하나라 할 만 하다. 이런 이유로 스미스는 개개인들의 자유로운 교환행위를 보장해야 한다고 강조했다. 자유로운 교환행위를 제약하는 것은 결국 인류의 본성에 어긋나는 것이고 자연을 거스르는 이런 제약으로 인한 피해는 모두에게 돌아간다는 생각이었다.

무역은 자유로워야

국가와 국가 사이에서도 마찬가지다. 사실 이 말은 어폐가 있는데, 국가와 국가는 (국방 등의 특별한 경우 빼고는) 거래하지 않는다. A 국가에 속한 국민과 B 국가에 속한 '국민'이 서로 교환행위를 하는 것이다. 그러므로 무역이라고 할 수 있는 이러한 교환행위 역시 결국은 자유가 보장되어야 한다. 여기에 제약이 따르면 결국은 각자 국민들에게 피해가 돌아갈 것이다.

이를테면 최근 급격히 시장에 퍼진 외국 과자들에서도 자유무역의 힘이 느껴진다. 과대포장 등 여러 가지 이유로 지탄받던 국내 과자를 소비하던 국민들이 점점 더 싸고 알찬 외국 과자로 눈길을 돌리게 된 것이다. 안정되고 폐쇄된 시장 덕분에 국내에서만 경쟁하던 과자업체들은 일종의 위기를 맞은 셈이다. 이럴 때 필요한 것은 역시 과자업체들의 부단한 혁신 노력이다.

만약 이런 상황에서 정부가 "국내 과자업체들을 보호해야 한다"며 외국 과자들에 다시 높은 관세를 매긴다면 어떻게 될까? 이는 해당 업체와 그 종사자들에겐 좋은 일일지 모르겠지만 그 피해는 고스란히 소비자들에게 돌아갈 것이다. 울며 겨자 먹기로 다시 비싼 돈을 주고 과자를 사 먹을 수밖에 없기 때문이다.

물론 무작정 자유무역을 도입하면 부작용도 있다. 국내 산업 기반이 충실하지 못한 상황에서 무조건 시장을 해외에 열어 버리면 경쟁력에서 애초에 밀려 버릴 수가 있는 것이다. 그래서 초창기 개발 단계의 국가들은 보호관세를 채택하는 경우가 많다. 1970년대 개발시대 대한민국 얘기만은 아니다. 18~19세기 영국이나 프랑스, 미국 모두 다 마찬가지였다. 애덤 스미스도 산업발전 초창기 국가들이 보호무역을 채택할 수밖에 없는 현실에 대해서는 어느 정도 인정했다. 다만 장기적으로 보호무역이 계속되는 것에 대해서 우려를 표현했다. 관세에 익숙해진 국가들, 보호에 익숙해진 기업은 결코 세계와 싸울 경쟁력을 얻지 못한다. 결국 과거의 편한 관행을 물리치고 세계시장이라는 새로운 싸움터로 나아갈 준비가 된 국가와 기업, 국민만이 더 큰 번영과 영광을 누릴 수 있다. 장기적으로 모든 국가의 모든 시장이 다 개방된 자유로운 시장 경제 체제, 이것이 애덤 스미스가 궁극적으로 바란 세계일 것이다.

결국 애덤 스미스는 국가의 역할을 굉장히 작게 볼 수밖에 없다. 『국부론』에서 그가 필요하다고 인정한 국가의 역할은 국방, 법치, 공공시설 관리, 군주의 존엄 유지 네 가지에 불과하다. 야경국가다.

분업의 마술

애덤 스미스는 분업이라는 작업 방식을 설명하는 데에도 꽤 많은 비중을 할애했다. 『국부론』에서 그는 핀 공장을 예로 들었다. 핀을 혼자서 만드는 노동자는 아무리 노력해도 하루에 20개 정도 만드는 정도인데, 열 사람이 각각의 역할을 맡아 나누어 진행하면 한 사람이 평균 하루에 4,800개나 되는 핀을 생산했다는 것이다. 대단한 업무 효율성 증가가 아닐 수 없다. 애덤 스미스의 말을 다시 상기해 보자.

"우리가 저녁 식사를 기대할 수 있는 건 정육점 주인이나 양조장 주인, 빵집 주인의 자비심 덕분이 아니라, 그들이 자기이익, 즉 돈벌이에 더 관심이 있기 때문이다."

인간이 추구하는 자기이익에 대한 성찰로 흔히 얘기되는 이 말에는 나아가 분업 행위에 대한 성찰도 담겨 있다. 각자가 각자의 일을 하는 것, 이것이 결국 각자의 생존으로 이어지는 것이다. 한 사람이 직접 나서서 돼지를 잡고 술을 담그고 밀가루를 빻을 게 아니라 각자 일을 하면 되는 것이다. 살아가기가 머리 아프도록 복잡해질 우려가 없다. 단지 자신의 영역에서 최선을 다하면 되는 것이다.

일이 이렇게 간단해지니 그 간단한 일을 정확하게 해내는 기계를 발명할 필요도 생긴다. 증기기관으로 촉발된 산업혁명은 18세기 중반 영국에서 태동했는데 『국부론』의 발간 시기와 거의 일치한다. 어떤 사람들은 19세기를 '발명의 시대'라고도 하는데, 이 시대에 이만큼 많은 발명들이 쏟아져 나온 것은 결코 우연이 아니다. 장인과 도제들이 정성을 들여 상품을 만들어 내는 복잡한 작업공정이 분업을 통해 점점 단순해짐에 따라 발명의 여지가 많아졌기 때문이다.

그런 이유로 산업이 발전할수록 발명의 여지는 점점 더 커질 수밖에 없다. 20세기 초 미국의 특허국장이 "이제 발명되어야 할 것은 모두 발명되었다. 더 이상 발명할 수 있는 것이 없다"고 아쉬워하며 사직서를 냈다. 지금 우리의 관점에서는 해프닝에 불과하다.

1811년 영국 노팅엄에서 시작된 '러다이트 운동'(1811~1817)은 노동자들이 자신의 일을 빼앗아 간다는 이유로 공장의 기계들을 파괴한 운동이었다. 그러나 진보를 향한 역사의 흐름을 일부 집단의 폭력으로 막을 수는 없는 일이었다. 톱을 쓰는 목수들의 생계를 빼앗아 간다고 해서 전기톱 발명을 취소할 수는 없는 일이다. 결국 살아남기 위해서는 기업뿐 아니라 각 개인들도 스스로 혁신과 발전에 몰두할 수밖에 없다. 물론 애덤 스미스 시절은 아직 봉건제의 잔재가 남은 시절이라 일개 개인이 진취적인 도전을 하기 힘들었던 것도 사실이다. 일자리를 빼앗겨 가는 수공업 장인들에게는 실업자가 되는 길 말고 다른 활로가 없었다. 그에 비해 우리가 살아가고 있는 지금 현대는 훨씬 나은 셈이다.

애덤 스미스도 이러한 현실을 외면하지 않았다. 분업이 발전하면 할수록 그에 따른 폐해가 있다는 점도 놓치지 않았다. 그는 단순한 작업만 계속 하게 되는 분업 환경에서는 인간의 정신에 악영향이 있을 수 있다고 생각했다. 찰리 채플린의 영화 〈모던 타임즈〉에 나오는, 볼트만 돌리다가 끝내 미쳐 버려서 볼트같이 생긴 모든 것에 스패너를 들이대는 노동자처럼 말이다.

애덤 스미스가 생각한 대안은 '공교육'이었다. 그는 노동자들에게 교육을 제공해야 한다고 생각했다. 단순노동을 하는 노동자들도 교양을 즐기고 함양할 수 있다면 삶을 더 풍족하게 만들 수 있다고 생각한 것이다. 또한 교육은 시대 변화로 점점 일자리를 잃어 가는 장인과 노동자들이 새로운 직업을 얻는 것에도 큰 힘이 되어 줄 것이다.

흔히 현대는 평생교육의 시대라고들 한다. 평생직장이라는 개념이 사라지고 자신의 경력을 관리해 가며 끝없이 새로운 도전을 해야 하는 시대가 됐기 때문에, 계속 공부하고 자신을 발전시켜야 하는 것이다. 애덤 스미스의 통찰에 무릎을 치지 않을 수 없다.

왜 다시 스미스인가

몇 년 전부터 애덤 스미스를 다시 바라보자는 바람이 불고 있다. 미국과 일본, 유럽 등에서 그의 사상이 현대에 어떻게 적용되는지 해설하는 책들이 잇달아 출간돼 흥미를 끈다. 마크 트웨인이 "누구나 알고 있지만 아무도 읽고 싶어 하지 않는 책"이라고 평가한 『국부론』이 왜 지금 다시 조망 받는 것일까?

그 이유는 앞서도 몇 번 언급한 것 같다. 국가이기주의에 빠져 자국민 보호를 명분으로 높은 관세를 매기는 등의 보호무역이 팽배하고, 또한 영토를 넓히려는 욕심에 빠져 식민지 쟁탈을 벌이던 시절이 지나갔기 때문이다. 북한을 비롯한 몇몇 나라를 제외하고 대부분의 국가들이 세계무역기구(WTO)에 가입해 자유무역의 범위를 넓혀 가고 있다. 많은 신문 기사들이 "한국의 경제 영토가 획기적으로 넓어지고 있다"는 점을 강조한다.

세계는 이제 폐쇄공포에서 벗어나 점점 드넓은 광장으로 나아가고 있다. 이러한 때일수록 우리는 더욱 노력해야 한다. 자유에의 순수한 동기로 비롯된 교환과 무역이 빚어 낼 더 훌륭한 번영과 풍요를 위해서 말이다.

애덤 스미스가 『국부론』에서 약속한 것이 바로 그런 것이었고, 그 약속은 200여 년이 지난 지금에 이르러 생생한 현실로 우리에게 다가오고 있다.

부자와 빈자가 함께 윈윈하려면

리카도와 맬서스

혁명 시대의 두 친구

1789년 프랑스 혁명이 일어났다. 왕과 왕비의 목을 자른 이 끔찍한 사태는 당시 많은 사람들에게는 어느 날 갑자기 돌발적으로 일어난 것으로 보였을지도 모른다. 하지만 실상은 그렇지 않다. 앞서 언급해 온 것처럼, 초기 자본주의의 등장과 함께 구제도의 모순이 서서히 드러나고 있었다. 왕-영주-농노로 이루어지던 기존 신분 질서는 거의 무너져 있었다. 시대는 이제 자본과 노동의 관계를 요구하고 있었다. 여기에 당시 널리 퍼진 계몽주의가 불을 붙였다. 귀족들에 의해 자행되는 당장의 곤란과 핍박을 이전 평민들은 그냥 받아들이고 넘겼다. 하지만 모든 사람이 평등하다는 사상은 개인의 자긍심을 자각시켰고 결국 그렇게 순식간에 세상을 뒤엎는 혁명이 일어났다.

18세기 후반이야말로 정치병이 온 유럽을 휩쓸고 지나간 시대일 것이다. 수많은 젊은이들이 '자유, 평등, 박애'를 꿈꾸며 거리로 나선 이 시절은 그만큼 낭만적 시절이기도 했겠지만 또 그만큼 이념에 취한 발광이 민중들에게 오염된 시절이기도 하다.

한 가지 이념을 사회 전체에 강요하는 것은 결국 전체주의로 이어지고 독재로 귀결된다. '모든 인민의 자유와 평등'을 추구한다는 공산주의 국가들이 결국 독재국가로 귀결되는 것도 바로 그런 이유다. '자유, 평등, 박애'라는 구호는 숭고한 이념이긴 하지만 이를 실현하는 방법론에선 다양한 논쟁이 있기 마련이다. A라는 방법을 주장하는 사람과 B라는 방법을 주장하는 사람이 서로 대립하다가 감정이 상하면 상대방을 "혁명의 이념에 거스르는 행동을 한다"고 공격하게 된다. 프랑스 혁명 당시 부르주아 중심의 자유시장, 지방자치를 외치던 지롱드파와 사회민주주의 방식의 사회 개조를 외치던 산악파의 대립도 그런 양상이었다.

"내가 절대적으로 옳다"는 아집에 빠진 정치 세력은 역시 "나야말로 무조건 옳다"고 생각하는 상대방을 '혁명의 적'으로 규정해 말살하는 과정을 밟는다. 공포정치가 탄생하는 것이다. 그러다 목소리 큰 한 사람에게 모든 권력이 모인다. 다양한 생각을 존중하는 사회에서는 독재가 발생하지 않는다. 그것이 민주사회다. 하지만 하나의 사상을 강요하는 사회에서는 독재가 발생한다. 왜냐하면 그 사상을 가장 잘 피력하고 가장 많이 선동하는 사람에 대한 일방적 경외가 따르게 되기 때문이다. 마라(1743~1793)나 로베스피에르(1758~1794)가 바로 그런 인물들이었다.

영국 작가 찰스 디킨스(1812~1870)는 『두 도시 이야기』에서 혁명 당시의 프랑스 상황을 묘사한다. 그 속에서는 목소리가 큰 마을 사내가 완장을 차고 권력을 휘두른다. 인민재판이 예사로 일어나 '여론'만으로 귀족들을 단두대에 올린다. 앞서 말한 에드먼드 버크도 마찬가지 눈으로 프랑스를 바라본 바 있다. 그에게 프랑스 혁명은 '집단 최면에 빠진 민중들이 나보다 잘사는 사람을 질투해 마구 학살'하는 것으로밖에 보이지 않았다.

집단 최면에 빠진 민중들이 결국 선택한 것은 나폴레옹(1769~1821)이었다. 이 걸출한 군인은 신출귀몰한 전술과 대중적 인지도를 바탕으로 제1통령을 거쳐 결국 황제의 자리에 오른다. '자유와 평등'을 내걸고 시작된 혁명이 결국 한 사람의 절대적 권위를 인정하는 것으로 귀결됐다는 것은 역사의 아이러니가 아닐 수 없다.

처음 나폴레옹은 온 유럽을 휩쓸고 다니면서 '혁명의 전도사' 역할을 했다. 특히 최초의 민법전인 『나폴레옹 법전』(1804)은 기존의 관습법과 봉건법을 통합한 획기적인 것으로 근대적인 법치국가가 형성되는 데 결정적 영향을 끼쳤다.

그러나 열렬히 그를 환호하던 피점령국 국민들은 점점 그에게 실망만 느끼고 만다. 프랑스 군인들의 악행들도 점점 알려졌고 나폴레옹 자신이 스페인 국민들의 마음과는 반대로 자신의 형을 스페인 왕위에 앉히는 등 독재도 점점 심해졌다.

섬나라라는 특성 때문에 효과적으로 프랑스 군대에 저항할 수 있었던 영국은 나폴레옹에겐 눈의 가시나 마찬가지였다. 게다가 영국은 산업혁명 이후 유럽대륙 전체의 경제에서 상당한 비중을 차지하고 있었다.

나폴레옹은 유럽 경제의 주도권을 영국에서 프랑스로 가져와야 한다고 생각했다. 결국 영국과 전쟁이 벌어지지만, 흔히 이순신과 같은 비중으로 영국 사람들의 기억에 남아 있는 넬슨 제독의 탁월한 지휘로 영국은 트라팔가르 해전을 통해 프랑스 군을 물리친다.

트라팔가르 해전에서 패한 나폴레옹은 결국 1806년 대륙 봉쇄령을 내린다. 유럽으로부터 영국을 소외시키자는 의도였다. 유럽으로부터 곡물이나 와인 등을 수입하는 영국으로서는 곤란에 처할 수밖에 없었다. 그러나 사실 곤란하기는 대륙 나라들도 마찬가지였다. 특히 고통이 심했던 러시아가 결국 몰래 영국과 교류를 시작했다. 나폴레옹은 이를 벌주기 위해 1812년 러시아 원정을 떠났다가 결국 패배하고 만다.

대륙 봉쇄의 여파

그 격동의 시기에도 다행히 산업과 농경에 있어서의 기술 발전은 멈추지 않았다. 항상 식량이 부족해서 만성적 기근에 시달리던 영국에선

1750년대부터 식량의 해외 수출이 이루어졌다. 대혁명기의 프랑스에서도 농작물 생산만큼은 꾸준히 증가해 두 나라의 교역은 상당 수준 성장하고 있었다.

그러던 차에 발효된 대륙 봉쇄령은 영국 경제의 왜곡을 가져왔다. 영국의 농작물 가격이 천정부지로 치솟기 시작한 것이다. 영국 지주들에겐 부를 쌓을 수 있는 절호의 기회가 되어 버렸다. 지주들은 이 기회를 놓치지 않았다. 그들은 거의 막무가내식으로 농작물 가격을 올렸고 피해는 그대로 영국 국민들에게 돌아갔다. 하지만 이는 식량 공급이 부족한 상황에서는 어쩔 수 없는 상황이었다.

그러나 나폴레옹이 끝내 몰락하고 1814년 대륙 봉쇄령이 해제되기에 이르렀다. 화수분처럼 거의 '돈이 샘솟는' 시장을 독차지하고 있던 지주들로서는 당황할 수밖에 없었다. 곡물 가격이 하락하기 시작했고 지주들은 이에 대해 "대책이 필요하다"고 나섰다.

로비에 당한 걸까. 영국 의회는 1815년 일명 「곡물법(Corn Law)」을 통과시켰다. 일정 가격 이하로 곡물을 수입하는 것을 금지하는 내용으로 명분은 영국 내 농업의 보호였다.

이 부분은 민감하게도 기존 지주와 신흥 부르주아지의 갈등을 불러일으키는 것이었다. 신흥 부르주아지들, 즉 산업가들은 노동자를 고용하는 입장에서 임금에 상당히 민감할 수밖에 없었다. 임금을 결정하는 중요한 요건 가운데 하나는 노동자들의 최소 생계 수준을 보장하는 것이다. 아무리 일해도 먹고살기조차 힘들다면 일할 사람조차 없어지기 때문이다. 노동자들에게 최소한 '먹고살 만큼'은 보장해 줘야 하는 게 산업가들에겐 당연한 일이었다.

그런데 곡물 가격이 비정상적으로 높으면 최소한의 생계를 유지하기 위한 임금 역시 오를 수밖에 없다. 이런 이유로 산업가들은 곡물법을 찬성할 수 없는 입장이었다.

데이비드 리카도(David Ricardo, 1772~1823) 역시 곡물법에 격렬히 반대했다. 그 자신 부유한 지주였던 점을 감안하면 리카도의 이런 행태는 상당히 이례적인 일이라고 하겠다. 양심적인 지식인 리카도가 곡물법 등에 반대한 이유는 그것이 영국 국내 산업 기반을 약화시키고 농민들을 오히려 더한 어려움으로 몰아넣는 것이라 생각했기 때문이었다. 그러면서 리카도는 『정치경제학 및 과세의 원리』라는 책으로 자신의 주장을 뒷받침했다. 리카도는 이 책을 통해 경제학사에 굉장한 기여를 하게 되는데 그중 핵심이 바로 '비교우위론'이다.

재미있는 점은 경제 정책적 입장에서는 그와 거의 반대 입장을 취했던 **토머스 맬서스**(Thomas Robert Malthus, 1766~1834)와 리카도의 관계다. 둘은 거의 평생을 서로 돌보던 지기 사이였다. 사상적으로는 서로가 서로를 논박하더라도, 사상에 대한 진정성만큼은 서로 존중하고 인정했기 때문이리라.

비교우위와 종속이론

선택과 집중

생각해 보면, 경제학의 역사는 곧 자유의 역사이자 진화의 역사다. 물론 다음 장에서 볼 마르크스 경제학이 100년 가까이 세계를 뒤흔들어 놓긴 했지만 결국 그마저 거의 붕괴한 처지가 아닌가. 중간의 수많은 폐해야 이루 말하기 힘들 정도지만, 장기적으로 세계가 바르게 발전해 가는 과정에서 겪어야 했던 성장통으로 생각하면 그나마 조금 위안이 된다.

여러 가지로 오해를 받고 있지만 생각해 보면 경제학자들이야말로 실상 가장 현실 참여 비중이 높은 사람들이다. 왜냐하면 그들의 사상은 근본적으로 "어떻게 하면 좀 더 많은 사람들을 잘살게 할 수 있을까?"에 대한 진지한 고민이기 때문이다. 이를 실현하기 위해 경제학자들은 수많은 정책을 고민하고 그 악영향을 최소화하기 위해 노력한다. 방법은 달랐다 하더라도 이 점만큼에 대해서는 존 스튜어트 밀이나 마르크스나 매한가지다.

그런 점에서 리카도의 비교우위론이야말로 초창기 경제학의 발달에 있어 '자유'와 '진화'를 가장 인상적으로 선언한 이론이라 하겠다.

일단 생각해 보자. 부자가 한 명 있다. 그는 너무나 돈이 많아서 사실 거의 모든 것을 다 소유하고 있다. 그렇다면 그는 자기 스스로 모든 것을 다 해결할 수 있을까? 즉, 다른 사람의 도움이 전혀 없이 혼자서 살아갈 수 있을까?

여기에 '그렇다'고 대답할 수 있다면 몽상가가 분명하다. 아무리 부자라도 그는 다른 사람에게 의지하고 살아야 한다. 그는 (물론 그가 농부나 신발공장, 우산공장 사장님이 아니라는 가정 하에) 농사를 직접 지을 수도, 신발을 직접 만들 수도, 우산을 직접 만들 수도 없다. 만약 그렇게 한다면 그는 단지 운 좋은 바보일 것이다. 맡길 일은 맡겨야 한다. 그도 보통 사람들처럼 쌀을 사고 신발을 사며 비가 오면 우산도 사야 한다. 혹시 직접 농장을 경영하고 신발공장과 우산공장을 만들겠다는 생각이 들어도 그러지 않는 게 낫다. 자신이 잘하는 것을 더 잘하는 것이 훨씬 나은 것이다. 다른 걸 할 시간에 그냥 잘하는 것 더 하는 게 도움이 된다.

이 부자는 뛰어난 IT 사업가일 수 있다. 새롭게 개발한 웹사이트를 통해 막대한 부를 끌어모을 수 있다. 그 웹사이트에는 아마도 농부나 신발공장 노동자나 우산 제조업자 등등 여러 사람들이 접속할 것이다. 그렇게 서로 각자 할 일을 하는 게 세상 이치고, 그게 세상의 발전에 더 도움이 된다.

나라와 나라 사이도 마찬가지다. 각자 상대보다 '비교적으로' 잘하는 일들이 있게 마련이다. 우리나라에서 커피를 키운다고 생각해도 브라질이나 에티오피아에서 수입해 오는 커피의 질을 따라갈 순 없다. 만약 에티오피아에서 수입해 오는 커피 값이 천정부지로 터무니없이 오른다면 어떻게 할까? 걱정하지 않아도 된다. 그렇게 되면 돈을 찾아다니는 상인들이 더 싼 커피를 어디선가 찾아내서 가져올 것이다. 합리적 거래야말로 상인들이 돈을 버는 길이고, 소비자들은 제품을 더 합리적으로 이용하는 상생의 길이다.

경쟁력이 살길이다

각자 '비교적으로' 잘하는 것에 최선을 다하는 것은 서로에게 이익이 된다. 미국이 아무리 땅이 넓고 자원이 풍부한 나라여도 결국 자동차 산업이 몰락했다. 다른 나라들과 자동차 개발 경쟁에서 졌기 때문이다. 비록 디트로이트 노동자들은 당장 실업을 당하고 빈곤의 길로 접어들었지만 그들은 또 다른 러다이트 운동을 벌이지 않는다. 급박한 정부 지원과 애국심을 호소하는 세력도 분명 존재하지만 그들조차 사실은 알고 있을 것이다. 미국에서 자동차 산업은 이제 저물 시기라는 것을 말이다. 왜냐하면 미국보단 다른 나라가 더 자동차 산업에 대해 '비교 우위'를 갖게 됐기 때문이다. 아마도 그들은 새로운 기술을 배우고 새로운 직장을 찾아 떠나야 할 것이다. 현대자동차가 진출한 미국 공장으로 취업하는 사람들도 꽤 될 것이다.

그러나 미국은 IT나 군사 분야 등에서 여전히 최강대국이다. 더 나아가 최근에 이르러서는 되레 전기자동차 부문에서 앞서 나가고 있다. 엄청난 기술력이 있어야만 하는 분야이기 때문이다. 그들은 여기에 명백한 경쟁력을 갖고 있다.

정리하자면 비교우위론이란 결국 경쟁력이다. 한 나라가 모든 부문에서 경쟁력을 가질 수 있다고 생각하지 말자. 아니, 설령 모든 부문에서 경쟁력을 가질 수 있다고 쳐도 모든 것을 다 해먹으려고 나설 순 없다. 차라리 잘하는 분야에 최선을 다해 집중하고 나머지는 흔쾌히 다른 나라에 넘겨주는 것이 서로 이득이다.

물론, 너무 하나에만 집중하다 보면 불안감이 생기는 게 당연하다. "이러다가 이거 망하면 우린 뭐 먹고 살지?" 이런 심정이다. 그러나 국가는 하나의 인격체가 아니다. 국가 내의 수많은 국민들은 각자의 개성과 장점, 특기가 있다. 아무리 미국이 IT와 군사에 비교우위가 있다고 해도, 모든 국민이 그런 것은 아니다. 따라서 이 개성 넘치는 국민들은 아마도 자기 일을 찾는 새로운 도전을 두려워하지 않을 것이다. 그들은 해외 취업을 감행할 수도 있고, 새로운 시장을 열어 창업할 수도 있다.

아무리 큰 나라라고 해도 혼자 모든 것을 다 할 수는 없는 법이다. 하나에 최선을 다해서 그것을 다른 나라로까지 수출하고, 대신 다른 나라는 다른 분야에 최선을 다해 서로 교역하는 것. 이것이 결국은 서로 이득이라는 게 비교우위론이다. 그리고 그것이 바로 자유다.

자유무역에 대한 막연한 거부감

비교우위론이 아무리 '이성적으로' 옳은 이론이라 해도 여기에 심리적 거부감을 느끼는 사람도 꽤 된다. "그럼 우리나라는 평생 뼈 빠지게 농사만 짓고, 너희 나라는 편하게 책상에 앉아서 일하겠단 말이냐?"는 식의 반항이다. 혹은 "우리나라 쌀시장이 개방되면 국내 농업이 다 파산하고 결국 식량주권을 다 빼앗긴다"는 주장이다. 그토록 자유무역을 주장한 애덤 스미스조차 "영국의 와인 산업이 프랑스 때문에 침체돼 있다"고 한탄한 것을 보면 이런 거부감은 꽤 상식적으로 보인다.

이런 거부감을 체계화한 가장 대표적 이론이 바로 종속이론이다. 제2차 세계대전 이후 남아메리카 학자들이 주로 주장했는데 그들 자신의 저발전에 대한 이유 찾기였다. 이들은 당시 남아메리카 상당수 국가들이 채택하던 수출주도형 성장에 반발해 수입대체형 성장을 해야 한다고 부르짖었다.

수출주도형이란 자기 나라들이 잘하는 것을 찾아서 그 산업을 중점적으로 성장시키고 이를 수출해 해외의 부를 끌어들이는 방법이다. 수입대체형이란 꼭 필요한 물건들은 자기 나라가 직접 해결해야겠다는 의지로 산업을 골라 인위적으로 성장시키는 방법이다. 주지하다시피 2021년 현재 수출주도형으로 산업을 끌어온 대한민국은 선진국 문턱에 들어서 있고 수입대체형 산업을 채택했던 남아메리카 나라 상당수는 제자리걸음이다. 장기적 관점에서는 결국 비교우위론에 입각한 수출주도형 산업전략이 더 성공적이라는 말이다. 참고로 이승만 대통령 시절의 경제 정책은 주로 수입대체형이었다고 한다. 거기에 미국의 원조가 큰 도움이 된 게 사실이다. 박정희 대통령 시절이 되어서야 어떻게든 수출을 많이 하자는 풍조가 우리나라에 퍼졌다.

물론 우리나라도 성장기 초반에 일부 산업에 대한 지원을 아끼지 않은 것이 사실이다. 관세 장벽도 꽤 높았고 정권의 취향에 따라 큰 회사의 운명이 갈리기도 했다.

상당한 논란이 있기는 하지만 그럼에도 나는 기본적으로 우리나라의 성장 동력이 이런 '보호' 때문만은 아니라고 생각한다. 삼성, 현대 등에 상당한 국가적 지원이 있었지만 사실 생각해 보면 그 지원은 "이 돈 갖고 경쟁력을 키워서 세계에 수출할 물건을 만들라"는 취지였다. 이런 취지였기에 긴 시간이 흐른 지금 삼성, 현대, LG 등이 세계시장에서 내로라하는 물건들을 만들 수 있게 된 것이 아닐까?

철저히 보호받는 내수시장에서의 이윤에만 만족하는 회사는 당장은, 혹은 단기간은 이익을 보는 것 같아도 결국 침체할 수밖에 없다. 앞서 말한 과자업체들의 경우도 마찬가지다. 그들도 결국은 시장에서 경쟁을 겪어야 하고 결국 품질을 높이기 위한 노력을 게을리할 수가 없게 된다.

즉, 똑같은 보호를 받았더라도 세계시장으로 진출하려는 노력을 게을리하지 않은 회사는 결국 살아남았고, 국내에만 안주한 회사는 몰락의 길을 걸었다는 얘기다.

사양산업과 식량주권

그렇다면 "잘하는 것만 잘하다 보니 평생 신발이나 만들어 팔 수도 있겠다"는 생각은 어떨까? 여기엔 쉬운 예시가 있다. 현대나 기아자동차는 한때 저렴한 가격으로 세계 자동차 시장에서 승부했다. 하지만 이제 저렴한 차를 찾는 미국 사람들은 우리나라 차보다는 중국이나 인도 차를 찾는다. 현대자동차는 이제 고급화 전략을 쓰고 있다. 한 나라가 잘하는 것은 영원히 그것에 고정되지 않는다. 국민들의 노력과 창의적 발상으로 나라는 얼마든지 새로운 산업에서 비교우위를 점할 수 있다. 이것이 경제 체제의 진화 과정이다.

식량주권 등의 문제에 대해선 어떻게 생각해야 할까? 실제로 2014년 7월 중순 국내 쌀시장이 개방되면서 농민들이 격렬한 시위를 하는 등 국내에 한바탕 풍파가 인 적이 있다. 미국이나 중국의 쌀 경쟁력이 우리나라보다 적게는 두 배, 많게는 세 배까지 뛰어나다고 하니 국내 쌀 시장이 몰락할 것처럼 보이는 것은 당연한 일이었다.

하지만 극단적으로 생각해 보자. 우리나라가 결국 외국의 싸고 질 좋은 쌀을 수입하기 시작해 국내 농가들이 모두 몰락했다고 하자. 그래서 우리나라엔 결국 농민이 단 한 명도 남지 않게 되었다고 하자. 모두들 새로운 살 길을 찾아 다른 일을 시작할 것이다. 아마도 우리나라가 좀 더 잘하는 편인 IT나 한류 등의 산업에 종사할지도 모른다. 월급쟁이 신세일 테지만, 불안하고 힘든 농사일보다는 '최소한' 몸은 편할 것이다.

뭐가 문제일까? 극단적인 상황에 대해 극단적으로 말하자면 문제는 없다. 그 농민들은 뼈 빠지게 힘든 농사일에서 벗어나 좀 더 창의적인 일을 하게 될 것이다. 우리 국민들은 예전보다 더 좋은 쌀을 합리적 가격으로 소비하게 된다.

식량주권 문제는 어떻게 봐야 할까? 외국이 "내 말을 듣지 않으면 우리나라의 식량을 팔지 않겠다"고 갑자기 엄포를 놓을까? 그래도 문제는 없다. 중국이 쌀을 안 팔면 인도나 미국 쌀을 구입하면 된다. 겸사겸사 지금 내가 너무 극단적으로 말하고 있다는 점을 다시 상기해 달라. 실제로 위와 같은 일들이 일어날 가능성은 높지 않다. 아마 외국 쌀이 개방되면 우리나라 농민들은 질 좋은 한우를 키운다거나, 특용작물을 만들어 소득을 올린다거나 하는 식으로 자기 경쟁력을 키워서 싸울 것이다.

많은 은퇴자나 30~40대 청년들이 애써 귀농하는 경우가 꽤 있다고 한다. 모두 다 성공하는 것은 아니지만, 성공하는 사례도 적지 않다. 물론 여기엔 적지 않은 노력과 도전정신이 필요할 것이다. 그래도 별수 없다. 세상 살기가 그리 만만치는 않다. 이는 모든 이에게 다 마찬가지다. 원래 그런 존재로 인간은 태어나는 것이다. "세상은 원래 전쟁터"라고 누가 말했던가?

노력이 자유케 하리라

박정희 대통령은 1968년 11월 11일 구미농산물가공처리장 준공식에서 "쌀과 보리를 키우는 것도 중요하지만 토마토, 새송이버섯 등 다양한 방식으로 영농을 다각화해야 한다. 이를 위한 노력을 기울이는 농민에게 정부는 지원을 아끼지 않겠다"고 주문했다.

박정희대통령기념재단 좌승희 이사장(경제학박사)에 따르면 실제로 새마을운동의 성공도 이런 자세에 비밀이 숨어 있다고 한다. 1970년 정부는 전국의 3만 4천여 개 마을에 200 내지 300포대씩의 시멘트와 약간씩의 현금을 마을 규모에 따라 적절히 지원했다. 그다음 해가 되고 나서 성과를 평가해 보았다. 그랬더니 절반이 넘는 1만 8천 개의 마을에서는 그야말로 수수방관이었다. 시멘트 포대를 야적해 놓고 비가 오건 말건 방치해 놓고 여전히 노름이나 술에 빠져 사는 농민들이 많았다. "해 봤자 뭐"라는 수천 년간 쌓인 게으름의 결과다.

그런데 1만 6천 개의 마을에서는 100퍼센트의 성과가 달성됐다. 박정희는 성과를 보인 마을에만 시멘트의 양을 늘리면서 현금 지원도 보탰다. 그러자 마을 간 경쟁의식이 불붙었다. 기초마을, 자조마을, 자립마을로 구분된 성과제도 경쟁을 가속화시키는 데 한몫 했다. '하면 된다'는 정신은 결코 그냥 생긴 게 아니었다. 노력하면 그만큼의 성과를 가져갈 수 있는 사회풍토가 조성되었기에 '해보자'라는 의식이 생길 수 있었다.

결국 잘살기 위해서는, 자유롭게 살기 위해서는 노력하지 않을 수 없다. 그렇기 때문에 자유는 숭고한 것이다. 경제학의 역사는 곧 자유 발전의 역사라고 말했다. 자유롭기 위해선 대가가 따르기 마련이다. 흔히 그 대가를 '피를 흘려 싸우는 것'이라고만 생각하지만 자유를 누리기 위해 필요한 대가는 그것만은 아니다. 자유롭기 위해서는 끊임없이 노력하고 성찰해야 한다는 것이다.

다른 사람의 자유를 충분히 존중할 줄도 알아야 한다. 흔히 신자유주의를 '자본의 자유'라고 하는데 이 말은 어폐가 있다. 법적으로 '법인격'이라는 게 존재한다고 하더라도 정말 어떤 회사나 자본이 '인격'을 가지는 것은 아니다. 결국은 다 사람이 하는 일이다. 자본을 가진 사람의 자유마저 우리는 존중할 줄 알아야 한다. 그것이 자유의 대가다. 물론 질투는 나지만 우리가 자유롭기 위해선 어쩔 수 없다. 물론 그 자본가들에게도 숭고한 책무는 있다. 실제로 항만이나 공항 등 사회간접자본을 이용하는 비중이 높은 사람들이 그런 자본가들이라는 것을 생각해 보면, 그들에게 정당한 비율로 세금을 더 낼 것을 요구할 수도 있다. 나아가 기부나 봉사 등의 활동을 우리는 그들에게 바랄 수 있다. 하지만 역시나 아무리 생각해 봐도 무조건적인 희생을 우리가 그들에게 '강요'할 수는 없다. 단지, 우리가 잘할 수 있는 것을 하면서 스스로 발전해 우리가 더 많은 부를 쌓자, 이런 게 자유라고 생각한다.

나라도 마찬가지다. 그 나라가 잘할 수 있는 것에 최선을 다해 매진해 부를 쌓고 번영하는 것이 국가적 자유의 필요조건이자 충분조건이 아닐까?

미래는 과연 어두운가

자유주의자는 낙관적이다

자유주의자들은 대부분 낙관적인 사람들이다. 충분한 자유가 주어지면 결국 세계는 발전하고 진화해 온 인류를 풍족하게 할 것이라고 믿는다. 물론 그것은 단기적으로 이루어지는 것이 아니다. 수십 년은 잡아야 한다. 한 세대가 지나갈 만큼의 시간 동안 자유가 주어져야 그 성과가 비로소 올곧이 주어질 것이다.

그런 점에서 단기간 피해를 입는 사람들에 대한 동정을 하지 않을수가 없다. 앞서 예로 들었던 농민들의 경우를 생각해 보자. 뛰어난 농업기술을 갖고 훌륭한 가치를 창출해 내던 농민이 만약 자기혁신에 실패해서 실업자가 됐다면 어떻게 해야 할까? 우리는 이런 사람들에게조차 "너는 게을렀어"라고 손가락질할 수 있을까?

이런 경우 주어져야 하는 게 사회안전망일 텐데, 게을러서 실패한 사람과 노력했는데도 실패한 사람을 구별하기가 쉽지는 않다. 꽤 충분히 잘 연구된 기준이 있어야 할 것이다.

아무튼 리카도도 낙관적인 사람이었다. 재주가 뛰어나 스스로 큰돈을 번 사람인만큼 미래는 점점 더 발전하고 나아질 거라 확신하고 있었다. 그리고 이를 위해서는 모든 사람과 모든 국가에 충분한 자유가 주어져야 한다고 생각했다.

평생을 친구였지만 사사건건 리카도와 논쟁했던 맬서스는 정반대의 인물이다. 『인구론』에 잘 나온 바와 같이, 그의 미래 전망은 어둡고 불길하기 짝이 없다.

당시는 그야말로 장밋빛 전망으로 가득 찬 시대였다. 과학의 발전과 사상의 확산으로 미래는 점점 나아질 것이란 확신이 퍼져 있었다. 이런 시점에서 "꿈 깨. 세계는 곧 멸망할 거야"라고 말하는 맬서스는 환영받기 힘들었을 것이다. 그러나 미국의 인구통계를 치밀하게 분석해 훌륭한 근거를 마련한 『인구론』에 매료되는 사람들도 많았다.

맬서스의 전망은 흔히 이렇게 설명된다. "식량은 산술급수적으로 증가하는 데 반해 인구는 기하급수적으로 증가한다"는 것이다. 이게 다는 아니다. 노동시장에 대해서도 꽤 암울한 전망이 있다.

노동자들의 임금이 올랐다고 하자. 돈이 많아진 그들은 더 많은 아이를 낳을 것이다. 그러면 결국 그 아이들이 다 자라서 취업을 할 때가 되면 인구가 너무 많아진다. 노동의 공급이 많아지는 것이다. 결국 임금은 다시 떨어질 것이다. "월급은 적어도 됩니다. 제발 일을 해서 먹고살게 해 주세요"라고 말할 사람들이 많아진다는 것이다. 이들은 아이를 별로 낳지 않을 테고 그러면 수십 년 후 노동시장에서 임금은 다시 오른다.

결국 돈이 많아도 아이를 많이 낳지는 말자는 주장이 되었다. 이런 주장에 근거해 정책적으로 산아제한을 실행했던 나라들은 의외로 많다. 내가 어렸을 때도 '하나 낳아 잘 키우자'라는 식의 홍보가 많았던 것 같다.

맬서스는 공공정책이나 국책사업 등 정부 개입의 필요성을 강하게 주장했다. 어찌 보면 케인스의 아버지뻘 되는 사람이라고 봐도 될 정도다. 실제로 케인스는 맬서스를 '역사에서 정당하게 평가받지 못한 인물'이라고 했다.

내일 지구가 멸망하더라도

현대의 시점에서 우리는 인구 분석에 관련한 맬서스의 주장이 틀렸다는 것을 잘 알고 있다. 식량 생산은 급격히 늘어나 이제 현대인들은 배고픔이 아니라 영양 과다를 걱정해야 할 정도다. 물론 아프리카 오지 등에는 아직 배를 곯는 사람들이 많지만 이는 아직 이들 사회가 미발전했기 때문이다. 이들도 나아지길 바랄 뿐이다.

돈이 많아진 사람들은 아이를 많이 낳기보다는 아이를 적게 낳아 더 잘 키우는 데 열중한다. 오죽하면 출산율이 하도 낮은 우리나라에서 애를 많이 낳으면 "애국자네"라는 소리를 듣는다.

학창시절 '인구경제학'이란 수업을 들은 적이 있었다. 교수님의 강의 중 인상적인 것 하나가 "왜 돈이 많아지면 아이를 적게 낳는가?"를 수학적으로 분석하는 것이었다. 딱 하나의 수학 공식으로 시작해서 편미분 등의 온갖 전개 과정을 거쳐 결론을 내리는 과정이 무척 매력적이었다. 과정은 매력적이었지만 사실 결론은 뻔했다. "돈이 많아지면 자기

발전도 해야 하고, 아이에게 투자하는 돈도 더 들어서 아이를 적게 낳게 된다"는 것이었다.

신(新)맬서스주의도 있다. 대표적인 것이 1968년 로마클럽 보고서이다. 인구는 늘고 산업은 발달하는데 자원은 부족해지고 사람들은 고통에 처하게 된다는 내용이었다. 현대의 환경주의자들도 비슷한 생각을 하는 것 같다. 제7장에서 볼 제레미 리프킨(1945~)도 『엔트로피』에서 꽤 암울한 세계 전망을 내놓는다. 엔트로피란 흔히 '무질서도'로 해석한다. '엔트로피 증대의 법칙'이란 이 무질서도가 계속 늘어난다는 얘기이다. 쉽게 얘기하면 뜨거운 물에서 차가운 물로 열이 이동하는 일은 있어도, 그 반대의 일은 절대 일어나지 않는다고 생각하면 된다. 결국 세계의 에너지는 높은 곳에서 낮은 곳으로 흐르기만 하지 절대 그 반대가 없다는 것이고, 우리가 쓸 수 있는 에너지는 계속 줄어든다는 말이다. 그러니 에너지를 아끼고 살자, 이것이 리프킨이 주장하는 요지다.

참고로 '맥스웰의 악마'란 재미있는 설정이 물리학에 있다. 이 악마는 에너지를 끊임없이 낮은 곳에서 높은 곳으로 '거꾸로' 보내는 놈이다. 이 악마가 세상에 실재한다면 우리는 에너지 걱정을 안 하고 살아도 될 것이다. 많은 몽상가들이 꿈꾸는 '영구기관(에너지를 투입하지 않아도 영원히 에너지를 발생시키는 기계)'도 이 악마와 함께라면 가능하다. 물론 그런 기특한 악마는 실재하지 않는다.

노력의 결과가 어떻게 나오든, 노력조차 안 하는 것보다는 나을 것이다. 스피노자의 명언(마르틴 루터, 또는 마틴 루터 킹 목사의 말이라고도 한다)이

새삼 다가오는 순간이다.

"내일 지구가 멸망하더라도 나는 오늘 한 그루의 사과나무를 심겠다."

자본주의의 저격수인가 예언자인가

마르크스

공상적 사회주의에서 과학적 사회주의로

20세기 인류에 가장 큰 영향을 끼친 사상가는 누굴까? 여러 이견이 있을 수 있겠지만 나는 서슴지 않고 **카를 마르크스**(Karl Marx, 1818~1883)를 꼽겠다. 그 이유는 다른 무엇보다도 그 사상의 영향력이 끼친 범위에 있다. 세계의 절반이 마르크스의 유령을 100년 가까이 쫓아다녔다. 그 유령도 이제 생명을 다해 가지만 불행히도 북한과 같은 몇몇 나라들은 아직 미련을 버리지 못하고 있는 것 같다.

당시는 프루동(1809~1865) 등에 의한 공상적 사회주의가 유행하던 시절이었다. '모든 사람이 똑같이 다 잘살고 잘 먹었으면 좋겠다'는 식이다. 이런 망상은 어찌 보면 결국 앞서 말한 계몽주의의 또 다른 모습이라고도 할 수 있다. '모든 사람들의 보편적 행복 증진'이라는 목표를 공유하기 때문이다. 사실 살펴보면 루소의 사상에서도 공산주의의 단초들을 발견할 수 있다.

당시는 자본주의가 폭발적으로 발전하던 시기였다. 노동 수요가 급증해 있었고, 나이를 불문하고 일할 수 있는 사람들은 거의 다 일터로 내몰렸다. 상당수 지식인들에게 이런 모습은 '정상적'이 아니었다. 아이들은 뛰어놀거나 학교에서 공부를 해야 하는데 말이다. 얼굴에 석탄가루가 잔뜩 붙은 채 석탄을 캐러 깊은 탄광을 내려가는 8살 아이의 모습은 딱한 일이었다. 다행히 좀 더 자본주의가 발달한 영국에선 이미 1800년대 초반부터 아동노동을 금지하는 법이 만들어져 있었지만 대다수 지식인들에게 이는 예외적인 경우로 보였을지도 모른다. 앞서 얘기한 러다이트 운동은 당시의 노동자들이 얼마나 살기 팍팍했는지 잘 보여 준다. 기계라도 부숴야 자신이 빼앗긴 일자리를 되찾을 수 있다고 생각할 정도였으니 말이다.

공상적 사회주의자들 중에는 산업자본가들과 지주들이 자신의 몫을 흔쾌히 세상에 나눠주어야 한다고 주장한 사람도 있었다. 그들은 부자들을 계몽해 함께 잘사는 사회를 이룩해야 한다고 생각했다.

마르크스는 이러한 방식의 이상을 경멸했다. 부자들이 자기 부를 내어놓지는 않을 것이니 말이다. 그런 일은 있을 수 없다. 마르크스는 평생을 자본주의를 공격하며 살았지만, 그의 싸움 대상에는 공상적 사회주의자들도 있었다. 이상만으로 세상이 바뀌지는 않는다. 마르크스는 더 나은 세상을 만들기 위한 이론적, 철학적 토대를 만들고 싶어 했고 이는 결국『공산당 선언』과『자본론』등으로 이어졌다.

남다른 통찰력으로 자본주의의 해체와 공산주의의 도래를 예언한 이 사상가는 자신의 사상을 공상적 사회주의에 맞서 '과학적 사회주의'라고 불렀다. 얼마나 과학적이기에 이런 말을 할 수 있을까?

대전제: 착취

변증법, 유물론, 노동가치설

마르크스를 온전히 이해하는 게 쉬운 일은 아니지만 일단 세 가지 전제로 시작하면 그의 사상을 개괄적으로나마 이해할 수 있다. 변증법, 유물론, 노동가치설이 그것이다.

첫 번째로 변증법을 설명해 보자. 철학자 헤겔이 맨 처음 써먹은 변증법은 변화의 논리다. 그에 비해 연역법, 귀납법 등은 정태적이라고 할 수 있다. 현재의 고정된 상태에서 어떤 명제를 끌어내는 것이기 때문이다.

변증법은 세상이 정-반-합으로 굴러간다고 본다. 하나의 정명제가 있다면 여기에 반대되는 다른 반명제가 생긴다. 이 둘은 서로 갈등하면서 다투다가 끝내 새로운 합명제를 낳는다. 이 과정은 끝없이 반복된다. 합명제가 새로운 정명제가 되어 이로부터 또 반명제가 생긴다는 것이다.

헤겔은 인류의 역사가 변증법에 의해서 발전한다고 생각했다. 헤겔이 역사 발전의 원동력으로 본 것은 사상이나 인간의 정신과 이념이었다. 하지만 마르크스는 그렇게 생각하지 않았다. 그가 보기에 중요한 것은 결국 경제, 즉 먹고사는 문제다.

마르크스의 두 번째 전제가 바로 이것이다. 유물론이라고 부른다. 단지 경제 우선주의라고 보는 건 무리가 있다. 정확히는 생산수단을 누가 소유했느냐의 여부에 따라 역사가 변한다는 관점이다. 법제도나 교육, 종교 등 모든 것은 경제구조에 의해 변화된다.

마르크스가 보기에 우리 인류의 초창기 경제상태는 원시 공산사회였다. 수렵, 채취 등으로 겨우겨우 먹고사는 힘든 시절이었으니 특별히 부를 축적할 만한 게 없다. 그러다가 농경기술 등이 발달하면서 부가 축적되기 시작한다. 그런데 당시는 '힘'이 전부인 시절이니 부가 힘이 센 몇 사람에게 집중되면서 계급이란 게 생긴다. 고대 노예제가 탄생하는 것이다. 노동력이 많이 필요한 상황에서 노예제는 효과적인 수단일 수 있다. 주인은 계속 부를 쌓고 노예는 최소한의 주거와 생계를 유지할 수 있다.

그러다 기술은 계속 발전하고 (변증법에 의해) 결국 노예제에서 농노제로, 농노제에서 자본주의로 경제구조는 변한다. 자본주의야말로 자본가들이 가장 바라는 세상이다. 과거처럼 노예나 농노들의 삶을 총체적으로 책임질 필요가 없다. 수많은 '실업자들' 중에서 쓸만한 인재들을 불러다 최소생계비만 보장해 주면 열심히 일할 것이었다.

세 번째 전제는 노동가치설이다. 모든 가치가 노동에서 나온다는 입장이다. 최초로 노동가치설을 언급한 사람은 리카도라고 하지만, 사실 리카도는 이를 진지하게 취급하지 않았다. 단지 가설의 하나 정도로 인식했을 뿐이다. 그러나 마르크스에게 노동가치설은 모든 논의의 기초가 되어 버렸다. 마르크스에게 있어 모든 가치는 노동에서 나온다. 결국 가치와 노동은 서로 비례하게 된다. 남이 10시간 일해서 만든 수레를 구하려면 1시간 걸려 만든 망치를 10개 갖다줘야 한다는 것이다. 즉, 수레가 10만 원이라면 망치는 1만 원이다.

착취당하는 동그라미 씨?

그럼 어떻게 마르크스는 "노동자들이 착취당하고 있다"고 주장했는지 살펴보자. 우선 한 노동자 이야기를 가상해 보자. 학교를 졸업하고 사회에 뛰어든 동그라미 씨다.

> 체력이 좋지 않은 탓에 과히 일을 잘하는 편이 아니었던 동그라미 씨의 수당은 매우 적었다. 그런데 노동으로 발생하는 가치 중 단 30퍼센트만이 동그라미 씨의 수당이었다. 나머지는 관리비, 세금, 관리자의 수당 등으로 분해되었다.

동그라미 씨가 일한 지 한 달 정도나 되었을까? 갑자기 관리자가 알려 왔다.

"새로운 기술이 개발됐다. 이 기술을 적용하지 않으면 우리 회사가 망하므로 도입해야겠다."

동시에 동그라미 씨는 해고됐다. 같이 일하던 친구 네모 씨가 격분하며 따졌다.

"이 친구는 먹여 살릴 가족이 있단 말입니다! 저와 일을 반반씩 하는 걸로 하지요. 월급도 반반씩 받겠소. 그럼 똑같지 않나요?"

"안 돼. 그러면 너희들끼리 단합해서 나중에 반항한단 말이야. 차라리 동그라미 씨를 실업자로 놔두는 게 낫지. 그럼 네가 반항하면 언제든지 동그라미 씨로 교체할 수 있거든. 그럼 너 역시 열심히 일할 수밖에 없잖아?"

마르크스가 생각한 세상은 이런 식이다.

프롤레타리아 혁명

마르크스는 모든 가치가 노동에서 나온다고 했다. 노동자들이 힘들게 일한 시간만큼 상품에 가치가 붙어서 시장에 판매되는 것이다. 그러나 판매 대금은 자본가들의 수중에 들어간다. 그들은 노동자들에게 임금을 지불하고 나머지는 자기가 갖는다. 결국 자본가는 아무런 일도 하지 않고 이익을 챙기는 셈이 된다. 그들은 단지 생산수단을 소유하고 있다는 것만으로 부당한 이득을 취한다. 이것이 바로 착취다.

우리나라 노조가 파업할 경우 기업이나 정부가 '무노동 무임금 원칙'을 적용하는 경우가 있는데 여기에 반항해 만들어진 노동가요 중 〈무노동 무임금을 자본가에게〉라는 노래가 있다. 자본가들은 일하지 않는다는 생각이 숨어 있다.

마르크스의 문제의식은 여기서 그치지 않는다. 다만, 기술은 계속 발전하는데, 마르크스는 기술 발전의 요인이 무엇인지 전혀 고려하지 못하고 있다는 것은 지적하고 넘어갈 부분이다. 예를 들어 A라는 자본가가 새로운 기술을 자기 공장에 투입해 더 적은 노동자로도 더 많은 생산물을 얻게 됐다고 하자. 그는 기존보다 더 싸게 물건을 시장에 내놓을 것이다. 그러면 그와 경쟁하는 B라는 자본가 역시 그 기술을 도입하지 않을 수 없다. 기술이 발달하면서 점점 노동 수요는 줄고 노동자들은 실업자가 되어 버린다. 줄어드는 노동 수요로 인해 많은 노동자들이 '산업예비군'이 되어 버린다. 즉, 자본가 입장에서는 얼마든지 대체할 수 있는 인력이 많이 생기는 셈이다. 그러면 자본가는 현재 고용한 노동자에게 이렇게 말할 것이다.

"요새 회사 사정이 안 좋아져서 월급을 좀 깎아야겠어."

노동자 입장에선 수긍하지 않을 수 없다. 이를 거부한다면 그 자리를 대체할 다른 사람은 얼마든지 있기 때문이다.

기술은 계속 발전하는 것이고 노동자들은 점점 거리로 내몰린다. 경제 공황이 몇 차례 찾아온다. 임금은 점점 최저생계비 수준으로 떨어진다. 심지어 경쟁에서 패배해 파산한 자본가들도 노동자 대열로 합류한다. 빈부격차는 점점 심해지고, 자본가들은 그 수는 줄어들지만 더욱 거대한 부를 차지하게 되고, 노동자들은 그 수는 늘어나지만 생계는 피폐하기 이를 데 없다.

이런 일이 계속 반복되면 어떻게 될까? 결국 극소수의 자본가들과 대다수의 노동자 계급만 남을 것이다. 극소수의 자본가들은 자신들의 지위를 유지하기 위해 법도 자기 마음대로 바꾸고 사회제도도 마음껏 주무른다.

그러다가 노동자들은 피폐함을 견디지 못하게 되고 결국 혁명을 일으킨다. '프롤레타리아 혁명'이다. 자본가들에게서 생산수단을 빼앗아 부를 함께 나누고 드디어 평등사회를 이룩한다. 이제 모두가 풍요로운 사회다. 모든 사람이 여유롭게 아침에는 낚시하고 점심에는 풀밭에서 책을 읽으며 지낼 수 있다. 기술이 충분히 발전한 사회라서 모두들 최소한의 노동만 하고도 잘 지낼 수 있다.

마르크스의 논리 전개는 대략 위와 같지만 그렇다고 저렇게 단순하지만은 않다. 그러나 큰 개괄적 흐름을 잡기에는 이 정도 설명으로도 괜찮을 듯싶다.

폭력을 실천하는 사상

마르크스의 이론 중 무서운 것은 '실천'에 대한 강조다. 절박한 상황에 처한 노동자들이 아무런 저항도 하지 않아서는 세상에 변화가 있을 수 없다, 세상에 모순이 있는 걸 몸으로 느끼는 노동자들과 그 모순을 머리로 아는 지식인들이 직접 나서지 않고는 그 모순을 박살 낼 수 없다는 것이다. 마르크스는 입으로만 떠드는 지식인들을 '룸펜'이라고 경멸했다.

물론 마르크스의 말대로 아는 것과 행동은 서로 일치되어야 한다. 하지만 만약 누군가 '내가 알고 있다'고 생각하는 게 완전히 왜곡된 것이라면 얘기가 달라진다. 마르크스주의의 실천은 세상 곳곳에서 자행되었고 수많은 사람들이 고통을 받았다.

그 사상이 전체주의적 성격을 띠고 있다는 점도 간과할 수 없다. 마르크스의 모든 논의에서 개인은 철저히 빠져 있다. 판단하고 행동하여 세상을 이끌어가는 것이 실상은 바로 개인임에도, 마르크스는 모든 역사 변화의 주체를 오로지 '계급'으로만 생각했다. 개인의 가치는 계급에 우선할 수 없었다.

따라서 혁명 시기가 오면 자본가 계급은 통째로 없애 버려야 한다는 논리가 생긴다. 한 개인이 도덕적이건 말건 아무 상관이 없다. 공산혁명이 벌어진 나라마다 자본가들, 지주들, 지식인들에 대한 대량 숙청은 예외 없이 벌어졌다. 세상의 변화를 이끌어가는 힘이 사실은 지식과 지

혜일 텐데, '만민평등'이라는 기치 하에 지식인과 학자들을 죽이는 것은 결국 역사를 거꾸로 돌리는 것에 다름 아니다.

사실 마르크스가 자본주의 자체를 증오한 것이 아니다. 마르크스의 관점에서 자본주의는 공산사회로 나아가기 위해 필수적으로 거쳐야 하는 단계였다. 게다가 그는 자본주의 하에서 생산력이 굉장히 발전하고 전 국민적으로도 사는 형편이 나아졌다는 것을 인정했다. 그래서 마르크스가 보기에 공산혁명이 가장 먼저 일어날 것 같은 나라는 당시 자본주의가 충분히 발전했다고 생각된 영국이나 프랑스였다. 마르크스의 관점에서 자본주의는 공산사회로 가기 위해 필연적으로 거쳐야 하는 역사 발전의 단계였다.

하지만 실천을 중요시하는 공산주의자들은 자본주의 단계를 거치지 않고 바로 이상을 실현시키기를 원했다. 레닌(1879~1924)은 나름의 이론 체계를 따로 세워 가면서까지 봉건 러시아를 소련으로 탈바꿈시켰다. 중국의 마오쩌둥(1893~1976)과 북한의 김일성(1912~1994)도 마찬가지다.

자본주의는 정말로 악한가

자본의 두 얼굴

이론적으로 마르크스주의는 충분히 매력적으로 보인다. 만민평등

사상, 계몽주의에 완벽하게 어울리는 것 같은 이론이다. 빅토르 위고(1802~1885)는 『레 미제라블』에서 해고로 인해 생계가 막막해진 팡틴이 매음굴로 떠밀려 가는 상황을 묘사했다. 이런 모순을 이겨 내고 모든 사람이 평등하게 잘 살아갈 수 있다는 논리를 마르크스가 풀어 내고 있으니 팡틴을 불쌍해 하는 당시 상당수의 지식인들은 매료될 수밖에 없었다. 그런 점에서 마르크스는 명백히 자본주의의 저격수였다. 우리나라의 많은 청년들도 마르크스주의자를 자처하고 나선 바 있다.

그러나 시간이 지나 현대로 이를수록 마르크스의 오류는 잘 분석되어 가고 있다. 마르크스의 논리 중 가장 치명적 오류는 '노동가치설'에 있다. 과연 모든 가치가 노동으로만 창조되는가? 처음으로 물레를 발명한 사람, 처음으로 가축을 농사에 이용한 사람, 처음으로 증기기관을 발명해서 산업혁명을 촉발시킨 제임스 와트(1736~1819) 같은 사람의 이룩한 가치를 과연 '노동시간'으로 환원시킬 수 있을까?

창조적 발상의 가치는 막대하다. 이는 태초부터 그랬던 것이다. 특히나 시간이 갈수록 이런 창조적 발상의 가치는 더욱 커지고 있다. 이런 사람들의 노력을 폄훼하면 우리 인류는 아직도 말을 타고 며칠이나 걸려서 부산에 가고 있을 것이다.

상품이 시장에서 판매되는 '가격'을 가치와 혼동한 측면도 있다. 앞서 말했듯 가치와 가격은 엄연히 다르다. 가격은 순전히 소비자들의 선호에 의해 결정되는 것이다. 많은 노동력을 투여한 제품이라 하더라도 소비자들의 호감을 사지 못하면 그 가격은 바닥 모르게 떨어진다. 투여한 노동시간과 지대 등이 가격에는 아무런 영향을 미치지 못한다. 아무리 획기적 발상으로 번뜩이는 아이디어를 잘 살려 만든 상품이라 해도 소비자들이 싫어하면 팔리지 않는다.

생산수단을 소유하기 위한 자본가들의 노력도 그는 간과했다. 생산수단(기계설비, 공장, 토지 등)은 엄연히 투자가 있어야 존재하는 것이다. 투자는 곧 현재 갖고 있는 돈을 당장 쓰지 않고 미래의 이득을 위해 돌리는 것이다. 아무리 부자라도 투자를 하지 않으면 결국 돈만 펑펑 써 대다가 곳간이 비게 된다. 자본가들은 어쨌든 투자를 했고, 고용을 창출한 것이다.

그러나 많은 좌파 경제학자들은 이 자본가들이 가진 자본에 대해 의심스러운 눈길을 보낸다. 애초에 스스로의 노력으로 자본을 비축한 것이 아니라, 물려받거나 어디선가 강탈한 것이라는 시각이다. 하지만 역사적으로 상당수 지주 계급들이 몰락하고 일부만 겨우 자본가로 진입한 점, 상당수 노동자들 중에서 스스로 뛰어난 기술이나 아이디어로 자본가로 진입한 성공 사례가 있다는 반례 등은 충분히 있다. 그런 점에서 자본가들 전체를 획일적으로 비난하는 것은 옳지 않다.

실증적으로도 마르크스는 틀렸다. 마르크스는 노동자들은 점점 나락으로 떨어지고 자본가들의 수는 계속 줄어도 부를 엄청나게 쌓는다고 했지만 통계는 엄연히 이를 반박하고 있다. 『공산당 선언』 발표 후 10년 동안 영국의 농업 임금은 40퍼센트 가까이 상승했다. 앞서 말했듯 영국에선 아동노동을 금지하는 법이 발효됐다. 노동자들은 점점 살기 편해지고 있으며, 기업가들은 훌륭한 직원을 두기 위해서 인센티브와 보너스 등의 제도를 아끼지 않고 있다. 역선택의 오류를 피하기 위해서이다.

역선택이란 단어를 설명하기 위해 흔히 드는 예는 보험회사다. 암 발생률이 높은 집단과 암 발생률이 낮은 집단이 똑같이 있다고 할 때, 보험회사는 둘의 평균적 발생률에 근거해 보험료를 산출할 것이다. 그리고 여기에 맞춰 상품을 판매하려 할 텐데, 이 경우 암 발생률이 낮은 집단에게 이 보험료는 비싸다. 자신들의 평균 발생률보다 높은 기준으로 보험료가 책정됐기 때문이다. 그러다 보니 이들은 보험에 가입하지 않는다. 반면 암 발생률이 높은 집단은 자신들의 평균보다 낮은 기준으로 책정된 보험료에 매력을 느끼고 그 상품에 가입한다. 결국 이 보험회사는 암 발생률이 높은 집단만을 고객으로 유치하게 될 것이고, 회사가 책정한 보험료는 실제 적당한 보험료보다 낮게 책정한 셈이 될 것이다. 정보의 비대칭성이 낳은 결과다.

기업의 채용 과정에서도 마찬가지 일이 벌어진다. 여기서 전제하고 있는 것은 노동시장이 기본적으로 비대칭적이라는 것이다. 노동자 자신은 자신에 대해 잘 알고 있지만 회사는 입사 지원자들의 능력을 정확히 알고 있지 못하다. 노동자는 자신의 능력과 정직성, 충성도 등을 잘 알지만 기업은 이러한 중요한 기준을 결국은 교육 배경, 직장 기록, 임금 기록 등으로 알 수 있을 뿐이다.

어떤 직원을 뽑든 재교육비나 훈련비, 복지비 등 상당한 금액이 추가로 들어가는 것은 어쩔 수 없다. 이런 상황에서 기업이 할 수 있는 최선의 비용 줄이기는 역설적으로 높은 임금을 입사 지원자들에게 제시하는 것이다. 적당한 수준의 임금을 제시한다면 이 임금 기준보다 높은 업무능력을 가진 사람은 이 회사에 지원하지 않을 것이고 이 임금 기준보다 낮은 업무능력을 가진 사람이 몰리는 일이 생길 것이다. 높은 임금은 고용시장에 나와 있는 많은 인재를 직접적으로 끌어오는 기제가 될 수 있다. 이를 통해 기업은 역선택의 실수를 하지 않고 우수한 직원을 채용할 수 있다.

우리가 흔히 상상하는 '석탄을 캐기 위해 막장으로 내려가는' 노동자들의 모습은 기술 발전으로 점점 사라지고 있다. 게다가 자본주의가 가장 발달했다는 미국에선 그런 험한 노동을 하는 노동자들에게 오히려 상당한 임금이 주어진다. 노동이 단순하기 이를 데 없어 '인간 소외'를 유발한다고 흔히 얘기되는 컨베이어 벨트 시스템을 도입한 헨리 포드 공장에 취업하려는 사람은 넘쳐 났다고 한다. 포드가 다른 자본가들보다 임금을 2~3배 더 많이 주었기 때문이다. 포드는 그렇게 해야 숙련된 노동자들을 붙잡을 수 있다고 보았다. 포드도 역선택 이론을 적용한 셈이다.

어떤 사람들은 마르크스주의가 자본주의의 모순을 잘 지적함으로써 오히려 자본주의를 구원했다고 말한다. 물론 그런 측면도 있을 것이다. 모순에는 맞서 싸우는 게 빠를 수도 있다. 예로써 앞서 말한 러다이트 운동은 당시 자본가들에겐 굉장한 공포였다. 자본가들은 "생산

시설을 파괴당하느니 좀 더 노동자들에게 잘해 줘야겠다"고 생각했을 측면이 있다. 이런 과정을 통해 자본주의는 발달해 온 것이다.

그러나 나는 자본주의가 아무리 험악해 보이더라도 결국은 그 구성원인 인간들이 스스로 자신들을 구원해 나갈 것이라고 믿는다. 자유에 대한 인간의 갈망이 결국 스스로의 모순을 극복하게 해 준다고 말이다.

노동자는 정말 불행한가

흔히 자본주의의 폐해라고 하는 것들을 몇 가지만 살펴보자.

영화 〈올리버 트위스트〉(2005)를 통해 자본주의의 폐해를 잘 알았다는 사람들이 많다. 아동이 강제로 노동에 내몰린다는 내용 때문일 것이다. 실제로 그것이 자본주의 때문일까? 잘 생각해 보자. 당장 먹고살기 힘든 시절이라면 아이들도 돈을 벌기 위해 나설 수밖에 없다. 오히려 봉건시대에야말로 아동노동의 폐해가 더 심했다. 소년들은 공교육 따위는 꿈도 꾸지 못하고 농사일에 동원되었다. 가난한데 공부가 무엇이고 미래가 무엇이겠는가. 당장 먹고사는 문제에 봉착해 있는데 말이다. 실제로 가난한 나라들에서 아이는 명백히 '노동력'이다.

이제 자본주의가 막 들어서는 시기라면 아직 가난이 채 해소되기 전이다. '스스로 일해서 먹고산다'는 자본주의 정신이 아직 사람들 정신에 박히기 전이다. 봉건제도의 잔재가 남아 있을 무렵이다. 임금도 최저생계비 수준에 불과할 따름이었을 것이다. 이런 시점에서 가난한 사람들에게 아동노동은 선택의 문제가 아니라 생존의 문제였다. 먹고살 만하다면 그 누가 자기 아이를 노동 현장으로 내몰겠는가? 어쩔 수 없기 때문에 그렇게 한 것이다. 누가 강제로 시킨 게 아니다.

자본주의가 정착되면 될수록 아동노동은 사라진다. 영국의 경우이다. 급여로 충분히 먹고살 수 있는데 누가 자기 자식들을 노동 현장으로 내몰겠는가? 애덤 스미스가 '공교육'을 옹호했던 이유다.

정리하면, 아동노동을 자본주의의 폐해로 보는 것은 자본주의 입장에선 억울할 일이다. 아동을 노동 현장에 동원하는 근본적 이유는 바로 생존하기조차 버거운 가난 때문이며, 가난을 이겨 내기 위해선 자본주의에 대한 일방적 비난 대신 다른 방식의 접근이 필요할 것이다. 이처럼 자본주의에 대한 비판 상당수가 실상은 봉건의 잔재에 대한 비판에 불과하다. 비판자들 상당수가 과녁을 엉뚱한 곳으로 돌리고 있다.

두 번째, 과연 노동자들은 불행한가? 그들은 힘들게 일만 해서 자본가들의 배를 불릴 뿐이고 자기성취 같은 건 하나도 없이 '소외'되어 가는가?

우리 부모님들의 힘든 어깨를 보면 이 말에 공감이 가는 것도 사실이다. 하지만 그렇다고 과연 봉건시대에는 일이 너무나 즐거웠을까? 힘든 농사일이 그리 즐겁지는 않았을 것이다. 오히려 시대가 가면 갈수록, 세계시장이 열리고 창조적 발상이 중요해지는 지식경제 시대에 접어드는 지금이야말로 봉건시대보다 노동이 덜 고통스럽지 않은가?

물론 힘든 노동은 분명히 있다. 하기 싫은 일을 해야 하는 사람도 있을 것이다. 그러나 이것이 꼭 자본주의의 폐해라고 불릴 것은 아니다. 자원이 희소한 이 세상에서 먹고살려면 누구나 일을 해야 하는 것이다. 그것은 자본주의의 문제가 아니라 세상이 그렇게 생겨 먹은 것이다. 이런 점에서 노동을 무작정 '살아남기 위해 어쩔 수 없이 해야만 하는 불행한 것'으로만 받아들이는 건 현대 시민들이 지양해야 할 태도다. 오히려 노동을 자기성취와 자아계발을 위한 중요한 수단으로 받아들이는 자세가 현대 시민에겐 필요하다. 개같이 일만 하는 게 아니라 '이 일을 함으로써 내가 무언가 이룬다'는 마음가짐 말이다.

부익부빈익빈

세 번째, 자본주의는 결국 부익부빈익빈을 정당화하는 체제가 아닌가라는 것이다. 여기에도 많은 오해가 있다. 자본주의와 인간의 탐욕은 서로 상관관계가 전혀 없다. 자본주의와 별개로, 인간은 그냥 탐욕스러운 존재이다. 안타깝지만 이것만은 인정해야 한다. 인간은 원래 탐욕스러운 동물이다.

그런데 탐욕의 추구를 그나마 정당화하고 상호 간의 가치 상승으로 승화시킬 수 있는 체제가 바로 시장경제 자본주의 체제다. '자본'주의가 자본, 즉 돈만 앞세우는 무지막지한 체제라고 생각하지 말자. 자본주의는 그런 게 아니다. 오히려 인간의 가장 순수한 욕구 가운데 하나인 '잘살아 보자'를 체제의 중심으로 삼겠다는 건전한 제도이다. 모든 사람에게 이를 보장해 줘야 하니 사유재산권도 보장해야 하고 제도와 규범도 안정시켜가야 하는 것이다. 그럼에도 부득이 발생하는 부익부 빈익빈에 대해서는 자본주의 체제의 신봉자들도 일정 정도 대안을 마련해 두어야 할 것이다.

2015년 노벨 경제학상을 수상한 프린스턴 대학교 앵거스 디턴(1945~) 교수는 우리나라에선 『위대한 탈출』의 저자로 먼저 알려져 있었다. 이 책의 핵심은 자본주의의 발달로 인해 인류가 가난에서 해방되었다는 것이다. 그러나 그는 이렇게도 말한다.

"우리처럼 운이 좋아 제대로 된 나라에 태어난 사람들은 세계의 가난과 질병을 줄여야 할 도덕적 의무가 있다."

네 번째, 가난을 순전히 개인의 책임으로 돌리는 것은 너무한 게 아닌가라는 질문이다. 이 말은 맞다. 세상에는 불가피한 일이 있게 마련이고, 아무리 노력해도 되지 않는 일이 있는 법이다. "노력의 결과는 결실"이라고 흔히들 말하지만, 도덕적 선문답 같은 이런 문구 속에는 '돌발 사태'에 대한 고민이 빠져 있다. 세상은 혼돈의 시대로 접어드는데 "노력하면 무조건 성공한다"는 말이 얼마나 허황된 것인지 세상 속에서 삶을 위해 싸워 본 사람은 안다. 오히려 '최선을 다하고 하늘의 뜻을 기다리는 것(진인사대천명盡人事待天命)'이 더 현실적이겠다.

노력하지 말자는 말이 아니다. 노력은 당연히 해야 한다. 노력하지 않는 자에게 결실은 절대 돌아가지 않는다. 그러나 노력한다고 결실이 무조건 돌아가는 것도 아니다. 노력은 결실의 필요조건이지 충분조건은 아니다. 노력했지만 실패한 사람에게 "너는 실패자"라는 낙인을 찍는 건 너무 잔인하다.

막상 자본주의와 자유주의를 건전하게 이해하는 사람이라면 이런 낙인을 찍는 것을 꺼린다. 그렇게 말하고 다니는 사람이 혹시 있다면 그는 진짜 자유주의자가 아닌, 자유주의의 가면을 쓴 기득권 세력일 뿐이다.

진정으로 자유의 가치를 믿는 사람들은 자유를 지키기 위한 의무를 감수하기를 마다하지 않는다. 그들도 일정 정도의 복지 정책이나 사회 부조 등에 대해 반대하지 않는다. 다만, 어떻게 효율적으로 정책을 집행해야 더 사회정의에 맞고 효과적인지 방법을 두고 다툴 뿐이다. '가난을 순전히 개인의 책임으로 돌리는' 행동을 건전한 자유주의자들은 하지 않는다. 이런 식으로 자본주의를 비판하는 것은 하지도 않은 범죄를 씌워서 용의자를 벌주는 것이나 다름없다.

제국주의

장기와 단기의 갈등

경제학자들의 이상은 대부분 사람들에게 이렇게 반박을 당한다.

"장기적 자유와 평화? 그런 거 다 필요 없어. 당장 내 재산을 불려 달란 말이야. 그러면 내가 알아서 자유와 평화를 얻을 테야."

이런 마음이 드는 것은, 그 사람의 심성이 악독해서가 아니라 미래에 대한 불확실성과 불안함 때문이다. 그리고 사실 대부분의 사람들이 저런 마음을 갖는다. 그만큼 세상 살아가기는 불안하기 짝이 없는 싸움의 연속이다. 이렇기 때문에 자본주의가 세상에 온전히 정착하기는 그리 쉽지 않다. 애덤 스미스가 등장하고 100년이 더 지나도 세상은 여전히 봉건의 잔재에 젖어 있었다. 앞서 말했듯 '봉건의 잔재'란 인류가 가난했던 시절에 만들어진 유물이다. 내 것이 별로 없으면 남의 것을 약탈해 오면 되고, 나는 너보다 사회적 지위가 높은 사람이니 이것저것 빼앗아도 되고, 나보다 사회적 지위가 높은 그에겐 내가 알아서 갖다 바치면 되는 식의 개념 말이다. 그 봉건의 잔재의 끔찍한 결과물이 바로 제국주의다.

'제국주의(imperialism)'라는 말이 처음 등장한 것은 1870년 6월 8일이다. 영국의 〈데일리 뉴스〉라는 신문에서 나폴레옹 3세의 몰락을 보도하면서 이 말을 처음으로 사용했다고 한다. 처음에는 전제정치와 같은 의미로 사용되었으나 이내 제국주의는 식민지를 수탈하기 위한 열강들의 정치, 경제적 대외 정책을 이르는 말이 되었다.

일반적으로 제국주의는 자본주의의 폐해 중 하나로 얘기되곤 한다. 비운의 여성 혁명가 로자 룩셈부르크(1871~1919)는 『자본축적론』을 통해 제국주의를 이렇게 설명한다.

"서구는 18세기 후반부터 산업혁명 등으로 자본주의가 절정에 달했지만 성장의 한계에 도달했다. 그러니 자본은 새로운 팽창 지점을 찾아 돌아다니게 되는데 그것이 바로 비자본주의 지역으로의 침투라는 것이다."

레닌 역시 주된 논지는 크게 다르지 않다. 그는 제국주의를 자본주의의 폐해 중 정점이라고 할 만한 독점 단계로 규정했다.

이런 인식은 굉장히 광범위하게 퍼져서 지금도 이를 지극히 당연하게 생각하는 사람이 많다. 하지만 당시에도 이런 논리에 대한 반박이 있었다. 오스트리아학파의 대부격인 조지프 슘페터가 대표적이다. 그는 제국주의는 자본주의의 산물이 전혀 아니라고 주장했다. 오히려 근대사회에 남아 있는 과거의 봉건적 요소의 악영향이 제국주의라는 것이다. 그는 오히려 자본주의가 더 발전하면 할수록 제국주의가 사라지고 자유로운 세계시장이 열릴 것이라고 보았다.

나는 기본적으로 슘페터의 논리에 동의하는 편이다. 앞서 '자본주의는 정말로 악한가'에서 한 얘기를 더듬어 보자.

당시 제국주의 정책을 열렬히 지지했던 것이 자본가들만은 아니었다는 사실을 주목해야 한다. 오히려 군인, 탐험가, 교사, 선교사 등 일반 국민들이 자국의 팽창 정책에 더 열광하고 응원했다. 그 바탕에는 맹목적 애국주의(징고이즘)가 있다. "우리나라가 너희보다 땅이 더 넓어!"라고 자랑하고 싶은 심리는 영국이 스스로를 '해가 지지 않는 나라'라고 자부했던 것에서 잘 드러난다.

리카도의 비교우위에 대해 이해하고 있다면 식민지 정책보다는 자유무역 정책이 번영으로 가는 더 빠른 길이라는 것을 인정해야 한다. 식민지 정책은 치안 유지비, 관리비 등 여러 쓸데없는 거래비용을 발생시킬 뿐이다.

　그러나 이렇게 생각하기는 감정적으로 쉽지 않다. 이 시대에 이르러서까지도 많은 국민들은 "국부의 증가가 나라의 번영을 가져온다"는 식의 17세기 중상주의적 관념에서 도저히 벗어나질 못하고 있었다. 때문에 이 당시의 경제 정책은 주로 보호무역주의에 기초한 것이었다. 본국과 식민지가 똘똘 뭉친 경제 벨트 사이의 거래는 그럭저럭 문제가 없었지만 타국은 그 벨트 안에 접근할 수조차 없었다. 대부분 상품의 거래 자체가 원천적으로 봉쇄된 것이나 마찬가지였다. 거래가 가능하더라도 무자비한 관세에 다른 나라 상인들은 고개를 숙여야만 했다.

제국주의는 자본주의가 아니다

스페인 군대가 잉카와 마야 문명 등을 몰락시키고 중남미를 식민지로 삼은 것은 그들이 자본주의자들이라서가 아니다. 그들은 "국부가 무조건 최고"라고 믿는 중상주의자들이었고 그렇기에 부의 원천인 금과 은을 찾아 새로운 대륙으로 향한 것이다.

　피사로(1475?~1541) 등이 벌인 당시의 남미인들 학살에 대해서는 여전히 비판이 많은 모양인데, 다른 입장도 있다는 점은 소개해야 할 것 같다. 당시 잉카인들의 환대를 받으며 축제에 참가한 피사로는 축제 현장에서 엄청난 충격을 받았다고 한다. 인간을 제물로 바치는 행태가 버젓이 자행되고 있었던 것이다. 독실한 가톨릭교도였던 피사로는 "이 악마들을 세상에서 모두 없애 버려야 한다"고 중얼거리고 부하들에게 공격을 명했다고 한다.

이 말을 조심해서 들어야 하는 게, 제국주의가 자본주의의 산물이 전혀 아니라고 주장하는 것은 아니라는 점이다. 분명 제국주의는 당시 부유한 산업자본가들이 조장한 측면이 강하다. 그리고 식민지 사람들에 대한 착취를 정당화하는 식민지 정책이 분명 자본가들에게 더 많은 부를 가져다 준 것도 사실이다. 그러니 이렇게 생각하는 게 합리적일 것 같다. "봉건의 때를 벗지 못한 자본주의가 길을 잘못 들어 제국주의로 빠졌다"는 정도로 말이다.

미국의 팽창

최초의 자본주의 국가로서, 전 세계로 영향력을 뻗쳐 나가기 시작할 당시 미국의 상황을 보자.

1823년 미국은 '먼로 독트린'을 선언해 유럽 열강들로부터의 실질적인 독립을 천명했다. 먼로 독트린은 크게 세 가지 원칙을 내세우고 있는데 그것은 첫째, 미국은 유럽에 간섭하지 않는다, 둘째, 유럽은 남북아메리카 대륙에 간섭하지 않는다, 셋째, 유럽 제국이 남북아메리카 대륙에 식민지를 건설하는 것을 배격한다는 것이다.

1776년 영국으로부터 독립한 미국은 19세기 초반이 되면서 북쪽에서의 산업 발달과 남부 지방에서의 농업 발달로 급격히 대국으로 성장해 가고 있었다. 이런 가운데 미국이 먼로 독트린과 같은 고립주의를 표방한 것은 유럽 열강들이 아메리카 대륙에 간섭하는 게 자국의 이익에 도움이 되지 않는다는 판단의 결과물이다. 제국주의에 물든 유럽 강대국들에 대한 경계의 표시이기도 했을 것이다.

일부 역사가들은 미국의 외교 노선이 고립주의에서 팽창주의로 전환된 시기를 1890년대라고 본다. 실제로 1898년 미국과 스페인은 전쟁을 벌였고, 막강한 군사력을 등에 업고 승리한 미국은 쿠바와 괌, 필리핀 등을 스페인의 지배에서 해방시켜 버렸다. 미국의 해외 진출이 본격적으로 가시화된 시기이다.

하지만 미국의 팽창 욕구는 이미 그전부터 잠재되어 있었다. 단적인 예는 하와이다. 미국은 이미 1840년대부터 하와이에 배타적 영향력을 갖고 있었다.

비록 자유민주주의에 기초하여 세워진 나라이지만, 미국의 많은 정치인들은 구제도의 악습에 얽매여 보호무역주의와 제국주의의 유혹에 빠져 있었다. 영국인이면서도 미국의 독립을 지지한 에드먼드 버크나 애덤 스미스가 저세상에서 19세기 후반~20세기 초반의 미국의 경제 정책을 보았다면 아마도 크게 한숨을 쉬었을 것이다.

하지만 또 어쩔 수 없는 것이, 다른 모든 나라들이 다 경제 벨트를 구축하고 자기들끼리만 교역하는 상황이었다. 이런 상황에서 미국이 시장을 넓히기 위해 같은 전략을 추구할 수밖에 없었다고도 볼 수 있다. 악습이 악습을 낳은 꼴이다.

과학이 경제학을 춤추게 하다

마셜

과학의 세기

희망을 꿈꾸다

그럼에도 불구하고, 적어도 유럽과 미국의 당시는 벅찬 희망과 낭만이 있는 시대였던 것 같다. '미래는 어쨌든 잘 해결될 것'이라는 생각이 퍼져 있었다는 말이다. 그 바탕에는 무엇보다도 과학의 발전이 있었다. 하루가 다르게 발전해 가는 과학의 힘에 대한 신뢰가 근대 문명인들에게 희망을 주었다.

프랜시스 베이컨(1561~1626)의 귀납법적 사고로 촉발된 근대 과학은

19세기에 들어서 진정으로 꽃을 피웠다. 여러 분야에서 의미 있는 발견이 이루어진 시대이기도 했다. 찰스 다윈(1809~1882)은 1859년 『종의 기원』을 통해 "생물은 신이 창조한 그대로 살아가는 것이 아니라, 자연의 선택이라는 치열한 생존경쟁을 뚫고 진화를 거쳐 왔다"고 주장해 과학계에 일대 파란을 불러일으켰다. 루이 파스퇴르(1822~1895)는 미생물을 최초로 발견하였고 백신을 개발하여 인류 건강에 획기적 발전을 가져왔다. 이 시기 유럽의 인구는 거의 두 배로 폭발했다고 한다.

19세기는 발명의 시대이기도 했다. 권총(1836), 재봉틀(1846), 엘리베이터(1852), 다이너마이트(1866), 냉장고와 전화(1876) 등 온갖 새로운 발명품들이 이 시기 처음으로 세상에 모습을 드러냈다.

이 모든 발명들은 결국 '필요'에 의한 것이었다. 이 시기가 산업혁명의 은총을 받아 인구와 부가 급격히 팽창한 새로운 시대였다는 것을 상기하자. 그 팽창력을 온전한 방향으로 유도하기 위해선 새로운 도구가 필요할 수밖에 없다. 권총은 제국주의의 발달에 따른 식민지 지배의 효율성을 극대화하기 위한 중요한 무기가 되었다. 인구가 늘어남에 따라 의복의 수요도 자연히 늘어나게 된다. 그 수요를 뒷받침하기 위해서는 더 빨리 옷을 만들 수 있는 기술이 필요하게 된다. 재봉틀의 발명 이유다. 번화한 도시에 많은 인구가 몰려듦에 따라 한정된 공간에 더 많은 사람을 수용할 필요가 생긴다. 고층 빌딩이 필요해지는 것이다. 그러다 보니 자연히 엘리베이터가 필요해진다. 늘어난 인구를 감당하기 위해 멀리 식자재를 운반해야 할 필요가 생기고, 특히 생선 따위를 안전하게 보관할 수 있는 냉장고도 나타난다. 인구 이동이 늘어나고 자본주의가 발달함에 따라 느리기 짝이 없는 '편지'로는 더 이상 긴급하고 효과적인 소통이 불가능해졌기에 전화도 필요해진 것이다.

이렇듯 이 시대의 거의 모든 발명품들은 결국 다 '시대의 요구'에 의해 탄생했다고 해도 과언이 아니다. 아니, 정확히 말하면 시대의 요구에 맞는 발명품들만이 거친 시장경쟁을 뚫고 우리에게 남았다고 보는 게 맞겠다. 이를테면 이 당시에 훌륭한 트랜지스터가 발명됐다고 해 보자. 그걸 제대로 활용할 기술이 없는 상황에서 트랜지스터가 무슨 소용이 있을까!

과학이 급격히 발전할수록 과거에 대한 향수도 자연히 꿈틀대기 마련이다. 19세기를 꽃피웠던 낭만주의 사조도 결국 이런 이유로 유행한 게 아닌지 조심스레 생각해 본다.

문화는 시대를 반영하기 마련이다. 이 시대의 풍조 역시 당시 문화에 잘 반영되었다. 죽은 사람 신체의 일부를 모아 새로운 생명을 창조한다는 『프랑켄슈타인』(1818)에 나오는 괴물은 그 이전 사람들에게는 상상조차 할 수 없는 창조물이다. 중세 사람들이 상상할 수 있는 괴물은 기껏해야 용이나 골렘 정도? "생명이란 신에 의해 창조된 고결한 것"이란 믿음이 사라지고 "생명은 어쩌면 과학 법칙의 지배를 받는 것인지도 모른다"는 인식이 뒷받침되지 않고서야 이런 상상이 가능할 리 없다.

조지 웰스(1866~1946)가 묘사한 『투명인간』(1897) 속 투명의 비법은 망토를 두르면 남에게 안 보인다는 식의 마법이 아니다. 빛을 다루는 과학인 광학에 나름 그 이론을 기대고 있다.

　쥘 베른(1828~1905) 역시 이 당시를 풍미한 인기 SF소설 작가다. 『해저 2만 리』나 『달세계 여행』, 『지구 속 여행』과 같이 재기 넘치는 상상력으로 쓰인 쥘 베른의 소설들은 21세기 현재도 수많은 팬들을 끌어모으고 있다. 상세한 과학적 묘사가 소설 곳곳에 포진해 '디테일'을 살리고 있다.

과학적 사고의 대중화

그리고 나는 당시 시대상을 가장 잘 보여 주는 문학작품으로 주저 않고 『셜록 홈스』 시리즈를 추가하고 싶다. 코넌 도일(1859~1930)에 의해 태어난 이 위대한 명탐정이야말로 당시 대중들이 영웅에게 기대하던 엄밀한 사고, 동시에 지녀야만 하는 낭만성을 잘 보여 주는 캐릭터이기 때문이다.

　"불가능한 것을 제외하고 남은 것, 그것이 아무리 있을 법하지 않아 보여도 그것이 진실일 수밖에 없다."

　"지금 알고 있는 것들이 무엇인지부터 정리하라. 그러면 자료를 충분히 이용해서 본질적인 것과 부수적인 것의 구별을 명확히 할 수 있다."

　"정보를 얻기 전에 가설을 세우는 것은 위험한 일이다. 사실에 이론을 맞추지 않고 자기도 모르는 사이에 이론에 사실을 맞춰 갈 수 있기 때문이다."

셜록 홈스의 명언들은 수없이 많지만 그중에서도 몇 가지 눈에 띄는 것을 골라 보았다. 홈스가 얼마나 과학적 엄밀함을 강조했는지 잘 느껴질 것이다.

셜록 홈스 이전 추리소설의 주된 흐름은 범인의 알리바이에 초점을 맞추고 있었다고 한다. 그런데 코넌 도일이 제시한 추리의 방향은 전혀 새로운 것이었다. 오로지 증거! 먼지, 발자국 등을 꼼꼼히 따지며 범인의 정체를 파헤치는 홈스의 방식은 읽는 사람을 절로 매료시킬 만큼 명확하고 분명하다. 홈스의 방식은 분명 당시를 휩쓸던 '과학적 사고'의 지배를 받고 있다.

이렇게 길게 과학적 엄밀함에 대해 이야기한 이유는 위대한 경제학자 **앨프리드 마셜**(Alfred Marshall, 1842~1924)의 방법론도 역시 마찬가지로 엄밀한 과학적 사색의 과정을 거쳤다는 점을 강조하기 위해서다.

그러나 일단 일말의 오해는 벗어던지고 들어가자. 마셜의 방법론은 분명 과학적이고 엄밀하나 그 방법이 결코 어려운 것만은 아니다. 오히려 마셜은 그 이전 경제학계를 지배하던 '수리경제학' 풍토를 경멸했다. "일반인에게 설명할 수 없는 경제이론을 도대체 어디에 써먹겠느냐?"는 정도의 마음가짐이다. 수학에도 일가견이 있었던 그였기에 자신의 이론을 체계적으로 증명해 내는 것은 별 어려움이 없었지만, 그는 그런 수식이나 증명 같은 건 자신의 책 맨 뒷부분 주석으로 돌려 났다고 한다. 경제에 문외한인 사람이라도 경제이론을 대략이나마 이해할 수 있는 것이 더 중요하다고 생각한 것 같다.

그는 딱딱 떨어지는 이론에만 탐닉한 것이 아니라, 경제와 사회의 역동성과 발전에 주목했다. 이런 점에서 그는 17~18세기 과학계를 지배한 뉴턴보다는 오히려 생물계의 역동성을 주목한 19세기 다윈과 닮았다고 봐도 된다.

경제학계에서 최초로 장기와 단기의 구분을 시도한 것도 바로 앨프리드 마셜이다. 그만큼 그는 시간의 흐름을 중요하게 생각했다.

첫술이 가장 배부르다: 한계효용 체감

수요-공급 곡선

대부분의 경제 입문서들을 펼쳐 보면 가장 처음 나오는 게 수요와 공급 곡선 이야기다. 경제를 이야기하는 데 있어 가장 기초적인 개념이고, 여기서 출발해야 다른 경제이론들에 대한 이해도 쉽기 때문이다. 그런데 먼저 태어난 경제학자들을 제치고, '수요법칙'을 최초로 발표한 사람이 마셜이라는 점은, 그만큼 경제학에서 '엄밀함'이 점점 더 강조되었다는 증거이기도 하다. 이 책에서 최대한 그래프나 수학 얘기는 안 하려고 했지만 불가피하게 여기서만큼은 수요와 공급 곡선을 한번 살펴봐야겠다. 거의 모든 사람들이 직관적으로 이해할 수 있고 이미 잘 알고 있는 내용이다.

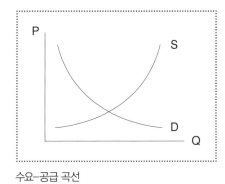

수요-공급 곡선

Y축이 가격(P)이고 X축이 수요 혹은 공급량(Q)이다. 수요곡선(D)을 보면 가격이 비싸질수록 수요량이 낮아지는 것을 볼 수 있다. 즉, 수요곡선은 "물건이 비싸지면 사람들이 그 물건을 찾는 양이 줄어든다. 혹은 물건이 싸지면 사람들이 더 많이 그 물건을 찾게 된다"는 정도의 얘기다. 얼핏 생각해도 아주 당연한 얘기다.

그런데 여기에 '왜?'라는 질문을 던져 보자.

"보통 사람들은 돈이 별로 없으니까, 한정된 예산에 맞춰 물건을 사려면 어쩔 수 없는 일이잖아."

이 말은 맞는 말이지만, 그럼 다르게 생각해 보자. 돈이 너무나 많은 아랍의 왕자들은 어떨까? 예산이 한정되어 있지 않은 그들은 수요곡선을 따라 행동할까? 고개가 갸우뚱해질 것이다.

이런 생각도 해 봤으면 한다.

"왜 보통 수요곡선을 그릴 때 아래로 볼록하게 그리지? 위로 볼록하면 안 되나?"

가볍게 지나쳐 왔던 수요곡선에 대해 막상 의문을 가지고 곰곰이 생각해 보면 뭔가 여러 가지 의문이 생기는 게 사실이다.

수요법칙을 이끌어 낸 중요한 도구 중 하나가 바로 '한계' 이론이다.

현대 경제학에서는 가장 중요한 개념이지만 설명을 들어도 좀체 쉽게 이해되지 않는 이 '한계'란 도대체 무엇일까? 대한민국 사람들일수록 이 '한계' 개념을 이해하는 데 더 어려움을 겪는다고 나는 개인적으로 생각하고 있다. 번역 때문이다.

'한계'는 영어의 'margin'을 번역한 말이다. 우리말로는 '가장자리'라고 번역하는 게 가장 좋은데, 가장자리라는 순우리말보다는 한자어를 쓰는 게 우리나라 학문의 경향이었고 그러다 보니 순우리말 대신 사용된 게 '한계(限界)'라는 한자어이다. '限'과 '界' 모두 '경계'라는 뜻을 갖고 있으니 한계는 결국 경계와 마찬가지라고 하겠다. 그러나 과거처럼 국한문을 혼용하지 않는 요즘 시대에 '한계'라는 말을 '경계'라고 인식할 사람이 몇이나 될까? 오히려 '한계'라는 말을 들으면 '한계(limit)를 극복하기 위해 능력을 최고치로 끌어올려' 등등의 문구가 연상될 뿐이다.

그렇다면 경제학에서 말하는 '한계'란 도대체 무엇일까?

한계란 '최후의 증가량'이다. 내가 치킨을 하나 사 먹을 때마다 쿠폰이 하나씩 온다. 그러므로 치킨 한 개 구매에 따라오는 쿠폰의 한계 증가량은 1이다. 만약 사장님이 실수로 쿠폰을 2개 넣었다면 그때의 치킨 구매에 따라오는 쿠폰 한계 증가량은 2가 될 것이다. 사장님이 쿠폰을 안 넣었으면 한계 증가량이 0이 될 텐데, 이 경우에는 항의 전화가 필요하다.

경제학에서 '한계'가 왜 중요한지 알기 위해 '효용'이 뭔지도 짚고 넘어가자. 경제학에서 말하는 효용이란 쉽게 말해 즐거움이다. 우리는 즐거움을 얻기 위해 뭔가를 소비한다. 즐겁지 않다면 그것은 소비가 아니라 손실이다. 소비행위를 통해 얻는 즐거움을 효용이라고 한다.

그럼 '한계효용'이란 말도 이제까지의 내용들을 되짚어 보면 바로 알 수 있다. 우리가 소비를 할 때마다 추가로 얻는 즐거움이 한계효용이다. 한계효용의 가장 쉬운 설명은 미분 개념을 도입하는 것인데, 이 책에서 그러진 말자. 사실은 우리 모두가 지갑을 열면서 무의식적으로 계산하는 것들이다.

효용

이제 '총효용'이란 걸 이해하기 위해 동그라미 씨를 다시 불러오자. 여기선 숫자들이 꽤 나오니 따로 메모하면서 간단하게 더하고 빼는 일을 해 보는 게 좋겠다.

동그라미 씨가 집에서 구워 먹으려고 삼겹살 두 근을 샀다. 한 근의 가격이 1만 원이라면 동그라미 씨는 총 2만 원을 삼겹살을 사는 데 쓴 셈이다. 그 가격에 소등심 한 근을 살 수 있었다고 한다면? 즉, 동그라미 씨는 2만 원으로 살 수 있는 소등심 한 근과 삼겹살 두 근 중에서 삼겹살 두 근을 선택한 것이다. 왜 그런 선택을 했는가? 아마도 그는 정육점에 가서 고기를 둘러보면서 이런 생각을 했을지 모른다.

'소등심이 맛있긴 하지만 양이 적네? 차라리 삼겹살 두 근이 낫겠다.'

난 역시 질보다 양이야. 우리 가족 모두 다 맛있게 먹을 수도 있을 테고.'

동그라미 씨에게 있어 소등심 2만 원어치와 삼겹살 2만 원어치 중 더 많은 즐거움을 주는 것은 후자였다. 이것을 후자의 '총효용'이 전자의 총효용보다 크다고 한다. 이 경우 소등심 한 근은 '기회비용'에 해당한다. 기회비용이란 하나의 재화(삼겹살 두 근)를 선택했을 때, 그로 인해 포기한 다른 재화(소등심 한 근)의 가치를 말한다.

삼겹살 두 근으로 얻은 동그라미 씨의 즐거움을 예를 들어 600이라고 해 보자. 아마도 소등심 한 근의 즐거움은 600보다는 적었을 것이다. 예를 들어 500 정도? 동그라미 씨는 600과 500, 두 즐거움의 크기를 '무의식적으로' 비교한 결과 600의 즐거움을 주는 삼겹살을 선택했다.

또 염두에 두어야 할 것은 현금 2만 원의 가치다. 동그라미 씨에게 있어 돈 2만 원이 주는 즐거움은 600보다는 훨씬 작았을 것이다. 아마도 400 정도였을지 모른다. 그러니 돈 2만 원 대신 삼겹살 두 근을 선택한 것이다. 동그라미 씨에게 2만 원의 가치가 예를 들어 700 정도였다면 그는 삼겹살을 살 이유가 전혀 없다. 700을 주고 600을 얻는 건 명백히 손해이기 때문이다. 그러니 동그라미 씨에게 2만 원의 가치는 600보다 작은, 이를테면 400 정도였음에 틀림없다. 400을 주고 600을 얻었으면 괜찮은 거래 아닌가? 무려 200이나 이득이다!

반대로 정육점 주인에게 삼겹살 두 근의 가치는 400 정도였을 것이다. 그의 입장에서는 400을 주고 600의 즐거움을 주는 2만 원이라는 현금을 얻은 것이다. 애덤 스미스를 설명할 때 했던 말을 다시 언급하는 셈이긴 한데, 교환행위가 주는 가치 상승이 이런 내용이다.

아무튼 동그라미 씨는 삼겹살 두 근으로 600의 즐거움을 얻었다. 자, 이제 좀 더 분석해 보자. 동그라미 씨가 가족과 함께 삼겹살 두 근을 구워 먹기 위해서는 총 네 번 불판에 고기를 올려야 한다. 즉, 반 근씩(5천 원어치씩) 굽는 게 알맞다는 얘기다. 두 근을 총 네 번에 걸쳐 나눠 먹었다는 얘기인데, 각각의 경우마다 얻는 즐거움이 같을까? 즉, 동그라미 씨의 총효용 600은 150이 네 번 쌓여서 만들어지는 것일까?

그건 아닐 것이다. 대부분의 사람들이 다 그렇다. 처음 불판에 올린 삼겹살 반 근의 맛은 꿀맛이다. 그러나 마지막 네 번째로 불판에 올린 삼겹살의 맛은 처음보다는 덜할 것이다. 이미 충분히 배불러서 말이다. 누구에게나 다 첫 맛이 꿀맛일 것이다. 계속 먹는데 계속 꿀맛인 경우는 거의 없다. 즉, 첫 반 근이 250의 즐거움을 준다면 다음에는 200, 다음에는 100, 다음에는 50, 이런 식으로 삼겹살이 동그라미 씨 가족에게 주는 한계효용은 감소한다.

정리하면, 삼겹살 두 근으로 동그라미 씨가 얻는 효용은 600이었다. 그러나 이를 세분해 보면 삼겹살을 먹으면 먹을수록 한계효용이 낮아지는 것을 볼 수 있다. 이것이 바로 '한계효용 체감의 법칙'이다. 소비를 늘리면 늘릴수록 그것으로 인해 얻는 즐거움이 떨어진다는 것이다. 여기서 짚고 넘어가야 할 점은 '체감'이라는 말이다. '몸의 느낌'이 아니고, 차츰차츰 줄어든다는 체감이다.

즐거움의 최후 증가량(한계효용)이 점점 떨어지기는(체감) 해도, 즐거움이 있기만 하다면야 소비를 멈추지 않는 게 인간이다. 동그라미 씨 입장에서는 처음의 200보다는 덜하지만 그래도 50이라는 즐거움을 주는 마지막 네 번째 삼겹살들을 다 먹은 후에도 아직 아쉬움이 남을지도 모른다. 즐거움의 증가량이 아직 0은 아니니 말이다.

그러나 다시 잘 생각해 보면, 동그라미 씨는 과소비를 했다. 그에게 있어 2만 원의 가치는 400이다. 그렇다면 5천 원의 가치는 100이다. 돈의 가치는 그 양에 비례하니 말이다. 그런데 마지막으로 삼겹살을 구울 때에는 5천 원을 들여 50의 즐거움을 얻었다. 즉, 100의 값을 주고 50을 얻었다. 이만저만 손해가 아니다. 동그라미 씨는 나중에 곰곰이 생각하다가 뒤늦게 깨달을 것이다.

"아차, 내가 너무 삼겹살을 많이 구워 먹었구나. 돈 아까워!"

동그라미 씨에게 있어 가장 적절한 소비량은 삼겹살 2만 원어치가 아니라 1만 5천 원어치였겠다. 세 번째로 고기를 구우면서는 100이라는 즐거움을 얻었기 때문에 100을 주고 100을 얻은 셈이다. 이 정도면 최소한 손해는 아니다.

복잡하겠지만 다시 잘 정리해 보자. 그에게 있어 1만 5천 원의 가치는 300이다. 그런데 삼겹살 한 근 반을 먹으면서 그는 총 550의 가치를 얻었다. 여기서 이득은 250이다. 한 근 반만 소비하면 250의 이득을 얻는데 두 근을 소비하니까 이득이 오히려 600(총효용)-400(비용)=200으로 줄어든 셈이다. 안타깝다.

욕망은 무한하다: 한계이론

수요 곡선은 내려간다

이렇듯 모든 사람에게는 적정한 소비점이라는 것이 있다. 동그라미 씨에게 있어 삼겹살 두 근의 가격이 2만 원일 때 적정한 소비점은 삼겹살 1.5근을 사는 것이다(엄밀히 말하면 1.5근과 두 근의 사이 어느 지점이다).

그런데 만약 어떤 해에 우리 돼지들이 유난히 새끼들을 많이 낳아서 돼지 두수가 늘었다면 어떻게 될까? 아마도 삼겹살 가격이 떨어질 텐데 이를테면 가격이 2분의 1로 너무 심하게 뚝 떨어졌다고 생각해 보자. 돼지 농장 주인들은 울상일 텐데 동그라미 씨는 기쁠 것이다.

이 경우 삼겹살 두 근의 가격은 1만 원이 된다. 반 근이면 2,500원인데 2,500원은 동그라미 씨에겐 50의 가치다. 이 정도가 되면 동그라미 씨도 선뜻 삼겹살 두 근을 살 수 있다. 아까처럼 두 근을 사고 "아, 한 근 반만 살걸" 하고 후회할 필요가 없는 것이다. 왜냐하면 동그라미 씨에게 있어 마지막 삼겹살 구이 반 근은 비용과 효용 모두 50이기 때문이다. 50을 주고 50을 얻는 정도면 최소한 손해는 아니다.

이런 원리로 삼겹살의 가격이 떨어지면 삼겹살의 소비도 늘어난다(소비와 수요는 엄밀히 말하면 조금 다르지만 여기선 일단 혼용하자). 가격을 Y축, 수요량을 X축으로 하는 소비(수요)곡선 그래프가 우하향하는 이유이다. 이는 돈이 많고 적고의 문제가 아니다. 물론 동그라미 씨에게 400의 가치를 갖는 2만 원이 돈 많은 세모 씨에겐 350 정도의 가치밖에 못 가질지도 모른다. 이 경우 세모 씨는 삼겹살을 두 근보다는 더 많이 살 가능성이 높다. 그렇다 하더라도 세모 씨조차 어느 지점에서는 돈과 삼겹살 중어느 쪽이 더 효용이 높은지를 판단해야 한다. 그래야 그도 소비한다. 삼겹살을 사느라 포기한 기회비용까지 고려하면 소비의 양태는 더욱 복잡해질 수밖에 없다.

무차별곡선

"인간의 욕망은 무한하거든."

동그라미 씨가 이벤트에 당첨됐다. 참치캔 1만 개가 선물로 도착했다. 네모 씨가 100개 정도만 놔두고 기부하라고 설득했지만 동그라미 씨는 자기 의지를 굽히지 않았다. 그의 논리는 오직 하나, 욕망은 무한하기 때문에 뭐든지 많으면 많을수록 좋다는 것이었다.

결국 이는 동그라미 씨의 후회만 되고 말았다. 어찌어찌 가족들과 참치샐러드, 참치찌개, 참치비빔밥 등을 해 먹어서 통조림 200개를 처리했지만, 남은 9,800개의 통조림을 볼 때마다 동그라미 씨는 한숨을 쉬게 되었다.

"뭐가 잘못된 거지? 난 분명히 다다익선이라고 들었단 말이야."

통조림이 9,800개가 된 시점에 동그라미 씨가 몸에서 참치 냄새를 풀풀 풍기면서 네모 씨에게 물었다. 술집에서 만났다. 네모 씨가 참치횟집에서 만나자고 놀리듯 물어봤지만, 동그라미 씨는 아주 당연히, 결사반대했다. 결국 삼겹살집에서 만났다. 아무튼 동그라미 씨의 하소연에 네모 씨가 반문했다.

"자네가 참치캔을 1만 개가 아니라 10만 개를 받았다면 더 행복했을까?"

"비슷했을 것 같은데. 많다고 무조건 행복한 건 아니군. 어느 정도 이상 되면 다 비슷할 게야."

네모 씨가 눈살을 찌푸리며 갑자기 어려운 말을 시작했다.

"자네 말도 맞아. 그럼 조금 더 어려운 얘기를 해서 미안한데, 혹시 무차별곡선을 아나?"

"알 턱이 있나. 그게 뭐야? 미국의 위대한 16대 대통령 링컨이 만든 건가? 흑인을 차별하지 말라는 거야?"

"경제학 용어지. 생각해 보자. 자장 10개를 먹는 것과 자장 5개, 짬뽕 5개를 섞어 먹는 것 중 뭐가 좋을까?"

"섞어 먹는 게 좋지."

"고르라고 하면 당연히 섞어서 먹는 걸 고르겠지?"

"당연하지."

"그럼 자장 10개를 먹는 것과 자장 3개, 짬뽕 3개를 먹는 것 중 고르라면?"

"오? 그건 좀 헷갈린다. 비슷한데?"

"그래. 숫자가 6개로 줄었는데도 기쁨은 비슷하지?"

"다양성이 중요하다는 거군."

"그래, 맞아! 비록 숫자가 줄어도 다양한 게 좋은 거야. 반대로 말이지, 자장 3개와 짬뽕 3개를 먹는 대신 평생 짬뽕만 먹으라고 한다면 몇 개나 먹겠나? 배부른 건 차치하고 말이야."

"자장을 아예 못 먹게 한다면 열 받을 것 같은데."

"그거야! 대체재가 없어지면 사람은 화가 나고 집착을 시작해. 다이아몬드가 비싼 이유지."

동그라미 씨가 고개를 끄덕이다가 이해가 안 간다는 표정으로 다시 질문을 시작했다.

"그럼 도대체 왜 우리 사회는 돈에 대해선 많을수록 좋다는 거지?"

"돈은 자장이 아니거든. 짬뽕처럼 대체할 게 없어져 버렸어. 옛날에는 돈이 없어도 명예나 직위나 존경 등 돈의 다른 대체제가 많았는데 말이야. 산업혁명 이후 우리 자본주의 사회는 돈을 대체할 다른 걸 용인하지 않게 됐어. 오히려 깔보고 무시하지. 그러니 모을 게 돈밖에 없게 된 거야. 명예나 존경 모아서 사는 사람 봤나?"

동그라미 씨가 그제야 이해가 간다는 듯 손뼉을 치며 외쳤다.

"알았어, 자네 말의 의미를! 내 스스로 참치캔 말고 존귀함도 모으고 살고 싶어졌어. 내 당장 집에 가서 통조림캔 9,800개를 고아원에 기부하겠네!"

말을 마치고 동그라미 씨가 성미를 못 참겠다는 듯 부랴부랴 뛰쳐나갔다. 사실 다른 속셈도 있었다.

"어이, 계산은!"

대략 감이 오시는지 모르겠다. 다시 요약하자면 사람은 한 가지 것만 많이 갖기보다는 다양한 것을 소유하는 것을 더 선호한다는 말이다.

이로 인해 아이가 사탕이 하나도 없을 때 "사탕 하나 줄게. 숙제해"라는 강력한 엄마의 말이 이 아이가 사탕을 이미 다섯 개 갖고 있을 때는 안 먹히는 것이다.

참고로 무차별곡선에서도 아주 멋지게 수요곡선이 유도된다. 아까처럼 600, 150 등 숫자 갖고 놀 필요가 전혀 없다. 다만 그 과정은 조금 복잡하니 여기서는 생략하자.

아무튼 한계이론은 다양한 사람들에게 다양한 영감을 줬다. 수요 행태뿐 아니라 공급 측면에도 여러 이론이 있다. '한계수확 체감의 법칙' '한계비용 체증의 법칙' 등에서 만들어지는 공급곡선은 우상향한다. 즉, '가격이 오르면 재화의 공급이 더 늘어난다'는 것이다. 어찌 보면 당연한 얘기인데, 학문은 이렇게 당연한 것을 증명하는 것을 목표로 하니 참 희한하고 괴이해 보이면서도 매력적이다. 고등학교 때 왜 모든 숫자에 0을 더해도 값이 변하지 않는지 증명하던 것을 보면서 황당해하면서도 '꽤 멋지다'고 생각한 기억이 있다.

한계이론을 생각하면서 염두에 두어야 할 것은 그 '역동성'이다. 한계이론은 앞서 잠시 말했듯 경제 주체의 움직임을 설명하기에 아주 적합한 개념이다. 단지 어떤 고정된 상태 그것만을 염두에 두는 것이 아니라는 말이다. 소비자 혹은 공급자는 유연하게 자신의 소비 혹은 공급 행태를 한 단위 한 단위 고려해서 결정한다. 가격 변동에 유연하게 반응하기도 하고, 소비량 혹은 생산량을 늘렸다가 다시 줄이기도 한다. 마셜이 상정한 '경제 체제의 진화'에 딱 맞는 이론이 아닐 수 없다.

왜 마셜인가

탄력성

사실 한계이론은 마셜의 작품이 아니다. 그런데 왜 나는 굳이 마셜 코너의 긴 부분을 할애해 한계이론을 소개하고 있을까? 『죽은 경제학자의 살아있는 아이디어』로 유명한 하버드대 경제학자 토드 부크홀츠는 마셜에 대해 이렇게 말한다.

"첫째, 가장 명확하고 포괄적으로 한계 분석을 경제학에 도입했다. 둘째, 오늘날 미시경제학을 지배하고 있는 한계 전통이라는 것을 수립했다. 셋째, 존 메이너드 케인스, 후생경제학자 아서 세실 피구, 여성 경제학자 조앤 로빈슨을 포함해 20세기의 저명한 경제학자들을 다수 가르쳤다. 넷째, 그의 인생은 앞서 살펴본 존 스튜어트 밀과 완전히 정반대였는데, 그는 당대의 지적 동향뿐만 아니라 한계주의 정신을 가장 잘 대변하는 인물이다."

역사 속을 걸어온 위대한 경제학자들 중에서도 앨프리드 마셜이 쓴 『경제학 원리』는 아직도 현대 미시경제학 책들에 굳건한 영향력을 행사하고 있다. 그런 점에서 나는 부크홀츠가 얘기한 네 가지 이유 중 첫 번째와 두 번째에 특히 강하게 동의한다.

많다고 다 좋은 건 아니다

마셜은 한계이론이 보여 주는 역동성만큼이나 경제의 역동성을 잘 드러내는 또 다른 경제학 이론을 구축했다. 바로 탄력성이라는 개념이다.

이를테면 쌀과 앞서 예로 든 삼겹살을 함께 비교해 보자. 둘 다 동시에 가격이 오른다고 한다면 당신은 어떤 것부터 소비를 줄여 나갈 텐가? 쌀 대신 빵을 먹는다는 식의 대답은 논외로 하자.

미리 염두에 두어야 할 것은 대체재와 보완재의 개념을 아는 것이다. 대체재란 "이거 아니어도 저거 사면 돼"라는 것이다. 이를테면 연필과 샤프는 대체재다. 이 경우 연필이 가격이 싸지면 연필 소비량이 늘어나 샤프를 사는 사람들이 줄어들 것이다. 샤프 소비량이 줄면 샤프 공급자들은 샤프 가격을 낮출 수밖에 없다. 즉, 연필과 샤프(대체재)의 가격 변동은 서로 같은 방향이다. 보완재란 "이거 사려면 저것도 사야 돼"라는 것이다. 샤프와 샤프심 같은 경우가 보완재이다. 샤프의 가격이 싸지면 샤프심을 사려는 사람도 늘어날 것이다. 그러면 샤프심의 가격이 오르게 된다. 즉, 샤프와 샤프심(보완재)의 가격 변동은 서로 반대다.

쌀은 우리의 주식이다. 대체재가 별로 없다. 그러므로 가격이 어느 정도 올라도 소비를 줄일 수 없는 특징이 있다. 반대로 가격이 내려간다고 해서 소비를 확 늘리지도 못한다. 하루 세 공기 먹던 밥을 쌀값 싸졌다고 일곱 공기나 먹지는 않겠기 때문이다.

하지만 삼겹살은 다르다. 삼겹살 가격이 두 배로 오르면 사람들은 삼겹살 대신 다른 고기, 예를 들어 소등심을 찾을 가능성이 높다. 즉, 삼겹살의 대체재가 존재한다는 말이다. 반면 삼겹살 가격이 떨어졌을 때 소비가 확 늘어날 것은 뻔한 일이다. 이렇게 가격 변동에 따라 실제 수요가 늘어나고 줄어드는 정도가 탄력성이다. 쌀은 가격 탄력성이 낮고 삼겹살은 가격 탄력성이 높은 편이다.

공급에도 탄력성이 있다. 가격이 오른다고 해서 무작정 다이아몬드의 공급량을 늘릴 순 없다. 어차피 생산에 한계가 있기 때문이다. 그러나 감자칩 같은 경우는 가격이 오르면 공급량을 (어느 정도까지는) 얼마든지 늘릴 수 있을 것이다. 이 탄력성은 수요곡선이나 공급곡선에서는 기울기로 나타난다. 기울기가 클수록 비탄력적이다.

탄력성의 분석은 경제 주체들에게 중요하다. 재화의 가격은 수요곡선과 공급곡선이 만나는 지점에서 결정이 된다. 흉년이 들어서 공급자가 쌀의 공급량을 줄일 수밖에 없는 상황이면 어떻게 될까? 공급곡선이 왼쪽으로 이동한다. 쌀 같은 기본 식생활 재료들은 매우 비탄력적이라 가격이 올라도 소비자들은 울며 겨자 먹기로 일정량을 소비할 수밖에 없으므로, 가격이 엄청나게 오르게 된다. 물론 쌀이 아무리 비탄력적이라고 해도, 어느 수준을 넘어 가격이 지나치게 너무 오르면 쌀마저 적게 먹는 사람들이 생길 것이다. 비탄력적이라고 해도 가격과 전혀 상관없이 수요가 결정된다는 얘기가 아니라는 말이다.

반대로 너무 풍년이 들어서 쌀 공급량이 너무 늘면 가격은 바닥으로 떨어질 확률이 높다. 어차피 소비하는 양이 거의 정해져 있어 남는 쌀이 너무 많아지기 때문이다. "풍년이 들면 농민은 오히려 가난해진다"는 말의 이유가 이것이다. 그래서 풍년이 들면 수확의 일정량을 바다에 던져 버리거나 불태워 버리는 경우도 있다. 아이러니하지만 공급자로서는 이게 더 합리적이다.

대체재와 보완재

눈치 챘겠지만 한 재화의 가격 탄력성을 결정하는 요인은 많다. 대표적으로 대체재의 존재 여부를 보면 탄력성이 얼마나 역동적 개념인지 알수 있을 것이다. 앞서 다 얘기한 것인데, 삼겹살과 소등심의 관계가 바로 그것이다.

"이거 아니면 저거 사면 돼."

소비자들은 이렇게 마음 먹고 있는데, 삼겹살 공급자가 '내 고객들은 삼겹살이라면 사족을 못 쓰니 마음대로 가격을 올려도 어쩔 수 없이 사 먹겠지'라고 자기 마음대로 생각한다면 그는 망할 것이다.

보완재의 가격 변동도 중요하다. 삼겹살과 상추는 상당 부분 보완재적 성격이 있는데, 상추의 가격이 오르면 삼겹살의 소비도 덩달아 줄어들 가능성이 있다.

한 재화의 탄력성이 일정하게 정해져 있는 것은 아니다. 대다수의 재화들은 높은 가격에서는 굉장히 비탄력적이다가 가격이 어느 정도 낮아지면 탄력적이 되고는 한다. 외장하드 같은 걸 생각해 보자. 예를 들어 1테라바이트(TB) 외장하드가 하나에 100만 원이라고 해 보자. 나 같으면 그런 외장하드를 들여놓을 꿈도 못 꾸겠지만 데이터 전문가 일부는 그 가격이 부담스럽더라도 하는 수 없이 외장하드를 소비할 것이다. 가격이 50만 원이 되더라도 내게는 여전히 가격이 부담스럽다. 그렇다고 데이터 전문가들이 외장하드를 100만 원일 때보다 더 많이 살 거라고 생각되지는 않는다. 50만 원은 여전히 비싼 가격이다. 나 같으면 차라리 싸구려 노트북 하나를 더 사겠다. 이 정도의 가격대에서 외장하드의 소비는 굉장히 비탄력적이다.

그러다 외장하드 가격이 10만 원이 됐다고 하자. 한 개 정도 살 생각이 든다. 데이터 전문가들도 100만 원이나 50만 원일 때에는 겨우 하나 사던 걸 두세 개 더 살 것이다. 그러다 가격이 하나에 1만 원이 된다면? 나 같아도 당장 서너 개 살 생각이 든다. 전문가들이야 오죽할까. 이렇듯 가격이 낮아지면 외장하드의 소비는 굉장히 탄력적이 될 가능성이 높다.

수요곡선이 아래로 불룩한 것의 비밀이 여기에 있다. 높은 가격대에선 비탄력적이고(기울기가 크고) 낮은 가격대에선 탄력적이 되는(기울기가 낮은) 보통 재화의 수요곡선은 자연스럽게 원점을 향해 불룩해진다.

베블런 효과

모든 수요곡선이 다 그렇게 생긴 건 아니다. 상품에 따라 예외가 존재한다. 대표적인 것이 바로 명품들이다. 일단 명품이라고 입소문이 나면 비쌀수록 더 잘 팔리는 경향이 있다. 한 백화점에서 5만 원에 팔던 속옷이 하도 안 팔려서, 기존 태그를 다 떼어 내고 새로 50만 원 가격표가 붙은 태그를 붙였더니 날개 돋친 듯 팔렸다는 풍문이 있다. 이를 경제학에선 '베블런 효과'라고 부른다. 제도경제학파의 창시자 소스타인 베블런(1857~1929)이 1899년 발표한 저서 『유한계급론』에서 최초로 이런 특이한 사례를 언급했다. 불합리한 소비 행태의 대표적인 예라고 하겠다.

사실 베블런이 지목한 것은 '특수한 몇몇 명품들'에 국한된 것이 아니었다. 그는 오히려 우리 주위 대다수의 상품들의 수요-공급 행태에 상당한 불합리함이 깃든다고 보았다. 일리가 있는 것이, 사실 경제 주체 모두가 합리적으로 행동하는 것은 아니기 때문이다. 그들은 유행을 따르고 기술 혁신에 부정적일 수도 있으며, 오로지 과시를 위해 소주보다 위스키를 선택할 수 있다.

마셜도 이런 현상을 도외시한 것은 아니다. 그러나 마셜은 이런 비합리적인 소비자나 생산자는 결국 시장에서 도태될 것으로 보았다. 꽤 장기적 얘기가 되고 말았다. 과연 그들이 실제로 도태되었을까? 어쩌면 그런 도태 과정이 오지 않았을까? 이 책의 마지막에 설명할 행태경제학이 이러한 이슈들을 분석하고 있다. 인간은 경제 우선주의에 빠져 살아가는 동물이기는 하지만 그럼에도 나름의 자존감, 감정을 갖고 사는 존재다.

'과소비'에 대한 루트비히 폰 미제스의 의견도 참조할 만하다. 미제스는 유한계급의 과시성 소비에 '나름의 역할'이 있다고 보았다. 자동차든 TV든 시계든 상당수의 상품들은 처음에 등장했을 때는 사치품이었다. 극히 일부 계층의 사람들만이 이런 상품들을 소비할 수 있었다는 말이다. 그러나 이런 사람들이라도 있기에 사치품 생산은 계속 이어진다. 그러다가 기술 혁신으로 점차 생산비용이 낮아지고 국민소득이 점차 늘면서 이 상품들의 소비층이 넓어진다. 이런 과정을 거쳐 우리 시대의 노동자가 중세시대의 왕보다 더 나은 생활을 하게 되었다고 미제스는 말했다.

경제학, '정밀한 개념'의 날개를 달다

한계이론과 기회비용, 탄력성 개념 등은 경제학에서는 기본 중의 기본 개념이고 활용성과 응용도가 매우 넓다. 마치 미적분이 수학 뿐 아니라 물리학, 건축학, 경제학, 통계학 등 온갖 분야에 활용되는 것과 같다. 워낙 기본적이면서도 여기저기 다 적용될 만큼 역동성이 크다는 말이다. 이들 개념은 대상을 멈춘 상태로만 바라보는 것이 아니라 '움직이는 것'으로 인식하기 때문에 그만큼 실제 우리 삶과 직접적으로 맞닿아 있다. 그래서 삶을 살아가는 우리 개인들은 모두 어쩌면 한계이론과 기회비용, 탄력성 개념들의 실천가들이다. 단지 이론을 의식하고 살지 않을 뿐이다.

기초를 다지는 것이 제일 중요하면서도 어려운 일이다. 심지어 운동을 할 때도 미리 준비운동을 하는 게 중요한데, 두뇌를 운동하는 학문도 마찬가지다. 애덤 스미스도 『도덕감정론』이 기초가 되었기에 『국부론』을 낼 수 있었다. 마셜이 특유의 엄밀함과 정교함으로 다져 놓은 중요한 개념들은 경제학의 거대한 기초를 이루고 있다. 마셜의 『경제학 원리』는 케인스가 등장하기 전까지, 아니 그 이후에도 베스트셀러 자리를 놓치지 않았다. 그 정교한 이론들은 아직도 현대의 미시경제학 책들에 심대한 영향을 끼치고 있다. 그런 면에서 마셜이야말로 현대 경제학이 우리 주위에서 춤추게 한 원조라고 부를 수 있을 것이다.

정부의 역할은 어디까지?

케인스

전쟁의 시대

제1차 세계대전

앨프리드 마셜 이후 최고의 '스타' 경제학자는 누굴까? 이 질문에는 모범답안이 준비되어 있다. 거의 반박할 여지도 없다. 바로 존 메이너드 케인스(John Maynard Keynes, 1883~1946)이다. 케인스가 불러일으킨 경제학의 패러다임 변화는 그야말로 혁명과도 같은 것이었다.

케인스의 등장에 '혁명'이란 단어를 붙이는 것은 당시의 시대 상황과도 은근히 어울린다. 러시아 혁명이 일어나고 소련이 등장한 20세기 초반 그 시대 역시 혁명적 시대였기 때문이다.

케인스를 설명하기 위해서는 당시 벌어졌던 전쟁에 대해 미리 얘기하지 않을 수가 없다. 특히 제1차 세계대전과 그 이후 이어진 대공황이야말로 케인스 등장을 위한 초석이 되었으니 말이다.

우선 제1차 세계대전의 시작부터 얘기해 보자. 당시는 제국주의 시대였다. 더 많은 땅을 빼앗아야 더 많은 부를 획득할 수 있다고 다들 믿던 시대다. 열강들은 상대방의 식민지를 시시탐탐 노릴 수밖에 없게 된다. 이미 많은 식민지를 갖고 있던 영국과 프랑스는 상황이 나은 편이었다. 하지만 문제는 독일이나 오스트리아, 이탈리아 같은 신흥 공업국들이다. 이미 거의 모든 땅이 영국과 프랑스의 지배하에 있는 형편에서 이들 신흥 공업국들이 새롭게 식민지를 얻을 기회가 별로 없었다. 독일과 오스트리아, 이탈리아는 동맹을 맺고 영국과 프랑스, 러시아에 압력을 가하기 시작했다.

1914년 6월 한 세르비아 청년이 발칸반도에서 오스트리아 황태자 부부를 암살했다. 오스만 제국의 쇠퇴 후 곳곳에서 민족운동이 일어나고 종교적 갈등도 불붙던 시기 벌어진 정치적 암살이었다. 황태자를 잃은 오스트리아는 세르비아에 전쟁을 선포하게 된다. 그런데 러시아가 세르비아를 두둔하고 나섰다. 독일과 이탈리아는 오스트리아를 지원하고 나섰고, 영국과 프랑스가 러시아를 지원하고 나섰다. 전쟁이 전 유럽으로 번져 버린 것이다.

처음에 전쟁은 유럽 열강들끼리의 싸움으로 국한되어 있었다. 미국은 이때 톡톡히 재미를 보았다. 양쪽 세력에 모두 군수물자를 팔아서 막대한 이득을 얻은 것이다. 이때 얻은 이득은 1차대전 이후 미국이 세계 초강대국으로 부상하는 밑거름이 된다. 미국의 명분은 명확했다. 한 세기 전에 발표한 먼로 독트린이 확실한 핑계였다.

하지만 전쟁의 불길은 서서히 미국에까지 번져 갔다. 1915년 5월 7일 독일 잠수함이 영국의 정기 여객선 루시타니아호를 공격해 침몰시켰다. 1,198명의 사망자들 중에는 미국인 128명이 끼어 있었다. 이 일은 그럭저럭 지나갔지만 1916년 3월 24일 프랑스의 비무장 상선 서섹스호가 또 독일 잠수함에게 격침당하면서 미국인 2명이 부상을 입는 일이 벌어졌다. 여전히 미국은 머뭇거리고 있었다. 미국은 독일에게 정중히 "비무장 상선을 공격하지 말라"고 경고했고 미국의 힘을 두려워한 독일은 이를 수용했다.

그러나 1917년 2월 들어 독일은 현저히 열세에 처하게 됐다. 결국 독일은 미국의 경고를 무시하고 어떤 선박이든 무차별로 공격하기 시작했다. 내내 중립을 표방하던 우드로 윌슨(1856~1924) 대통령은 결국 참전을 선언하고 군대를 모으기 시작했다.

막강한 미국의 참전은 독일에게는 치명적인 일이었다. 가뜩이나 열세에 처해 있던 전황이 더욱 악화되었고 결국 독일과 오스트리아는 1918년 패배하고 만다. 전 세계를 포화에 몰아넣었던 첫 번째 세계대전은 이렇게 마무리되었다.

막대한 배상금 압박

전쟁에 패한 독일 국민이 맞닥뜨린 고통은 엄청난 것이었다. 1919년 6월 28일 베르사유 궁전에서 맺어졌다 해서 베르사유 조약이라고 불리는, 독일 국민들에겐 '명령'으로 인식된 전후 처리는 독일을 엄청난 암운으로 몰아세웠다. 그 주도자는 주로 프랑스와 영국이었다. 미국은 다시 고립주의로 돌아가 베르사유 조약에는 적극 참여하지 않았다.

전승국들이 요구한 막대한 배상금을 조달하기 위해 독일은 돈을 마구 찍어 냈다. 결과는 초(超)인플레이션이다. 1922년 8월부터 독일의 물가는 엄청난 비율로 올라가기 시작했다. 달마다 335퍼센트씩 도매가가 증가했다고 하니, 월초에 1만 원이던 밀가루가 월말에는 4만 3,500원이 되어 버린 셈이다. 일반인들로서는 견딜 수가 없는 물가 상승이다.

그나마 있던 기존 식민지와 재산을 거의 다 빼앗기다시피 하고, 더욱이 엄청난 금액의 배상금까지 떠안은 상태에서 슈퍼 인플레이션을 얻어맞은 독일의 경제 회생은 거의 불가능할 지경이 되었다. 불행의 원인을 남한테 떠넘기는 건 인간의 못된 습관 중 하나인데, 당시 독일인들도 자신의 불행을 엉뚱한 곳으로 떠넘기기 시작했다. 연합국 정부, 전쟁에 패배한 독일 정부, 유대인 등이 저주의 대상이었다. 특히 유대인들은 금융업을 하는 경우가 많았기에 생계가 안정된 편이었다. 그러다 보니 질투에 사로잡힌 독일인들이 보기에 유대인들은 밉상일 수밖에 없었다. 나치의 탄생이 서서히 예고되고 있었다.

프랑스와 영국의 손해도 보통은 아니었다. 독일과 총력전을 펼치다 보니 재정이 부족해지고, 이를 메우기 위해 국채를 남발하다 보니 두 나라도 만성적인 재정 적자에 시달리게 됐다. 이 전쟁의 진정한 수혜자는 전쟁을 최대한 방임한 미국일 뿐이다.

러시아 혁명

1917년 레닌에 의해 주도된 러시아 혁명은 마르크스에 의해 정립된 '과학적 사회주의'라는 유령을 처음으로 지구상에 실현되게 만들었다. 러시아의 공산화 과정은 이후 공산주의 혁명이 일어난 모든 나라에서 그대로 벤치마킹할 정도로 효과적이었고 잔인했다. 혁명 이후 소련은 '전 세계 공산주의자들의 조국'이 되었다.

이 책에서 러시아 혁명 이후 소련이 어떤 길을 걸어왔는지는 자세히 살펴보지 않을 것이다. 다만 나는 공산주의가 인간의 창조성을 얼마나 망치는지를 러시아 혁명 전후의 사람들을 보며 생각할 때가 있다.

러시아는 비록 봉건 차르의 압제 아래 고통받는 민중들이 워낙 넘쳐 나는 국가이긴 했어도 적어도 문화예술 부문에서는 풍요롭다는 표현이 아깝지 않은 나라였다. 문학의 톨스토이와 푸시킨, 도스토옙스키, 체호프, 고골. 음악의 차이콥스키, 림스키코르사코프, 보로딘, 스트라빈스키, 쇼스타코비치. 연극의 스타니슬랍스키. 미술의 칸딘스키, 일리야 레핀, 마르크 샤갈. 내가 얼핏 이름을 스쳐 들은 사람들만 나열해도 이 정도다. 풍부한 감성을 자랑하며 예술계를 빛내던 거장들을 배출하던 러시아였다. 그런데 왜 20세기 초중반 이후 소련에서 이 정도의 예술가들을 찾기가 어려울까? 단지 공산권과 자본주의권 나라들 사이에 존재하던 이데올로기의 장벽 때문일까? 나는 아니라고 본다. 그보다는, 인간의 감수성과 창조성을 말살하는 기제가 공산주의 아래에 작용하고 있었기 때문이다.

1989년 모스크바에서 '피스 페스티벌'이란 게 열렸다. 미국과 서구의 여러 록밴드들이 초대되어 공연을 가진 빅 이벤트였다. 신데렐라, 머틀리 크루, 스키드 로우, 오지 오스본, 스콜피온, 본 조비 등이 출연한 이 콘서트 표는 12만 장이 판매됐다고 한다. 아직 소련이 굳건하게 형태를 유지하던 시기에도 '미 제국주의'의 음악을 들으러 온 사람 수가 이 정도였다. 아직 놀라긴 이르다. 1991년 소련 붕괴의 해에도 '몬스터 오브 락'이란 이름으로 모스크바에서 공연이 열리는데 여기엔 메탈리카, 판테라, AC/DC 등이 참여했다. 이날 공연장을 찾은 러시아 청년의 수는 무려 80만 명에서 120만 명으로 추산된다. '자유로운 국가들'에서 온 밴드들의 '자유로운 음악'에 소련 청년들이 얼마나 목말라 하고 있었는지를 이 두 공연이 여실히 보여 준다. 아울러 그 멋지고 풍부했던 러시아의 예술혼이 바짝 말라버렸다는 것도 왠지 안타깝고 말이다.

성숙한 국가끼리는 싸우지 않는다

전쟁의 광기가 유럽을 덮던 그 시절, 마르크스주의자들은 전쟁을 어떻게 해석했을까?

그들은 자본가들 사이에 경쟁이 일어나 많은 자본가들이 노동자로 전락하고 분배가 점점 악화된다고 보았다. 자본가들의 경쟁이 심해지고 기술이 발달할수록 상품의 생산량은 점점 많아지지만 그들이 상품의 판매에서 얻는 이윤율은 점점 떨어진다. 모든 가치는 오직 노동에서만 나오는데 기술이 발달할수록 기계가 노동을 대체하는 비중이 점점 높아지기 때문이다.

그래서 자본가들은 전쟁을 획책한다. 전쟁이야말로 모든 물자가 단기간에 집중적으로 소비되는 시기이다. 전쟁을 통해 자본가들은 잉여생산물들을 일거에 팔아넘길 수 있게 된다. 그간의 과잉공급을 해결한다는 것이다.

얼핏 그럴듯해 보이는 공산주의 이론은 간단히 공박할 수 있다. 자유민주주의 혹은 성숙한 자본주의 국가들 사이에는 전쟁이 지금까지 단 한 번도 없었다는 역사를 보면 그렇다. 이는 프랜시스 후쿠야마가 『역사의 종말』에서 지적한 바이다. 제8장에서 볼 미제스는 이렇게 설명한다. 현대 자본주의가 발전하면 할수록 나라들 사이의 분업 양상이 심화된다. 앞서 설명한 '비교우위'로 인해 생기는 일이다. 나라들 사이의 무역이 발전하고 각 나라와 나라는 서로에게 일정 부분 삶의 영역을 의존하지 않으면 안 되게 된다. 이는 결코 종속이나 예속이 아니다. 서로가 서로에게 의존하는 것이니만큼 '상생'이라는 말이 더 잘 어울릴 것이다.

이런 상황이 도래할 경우 전쟁을 각오한다는 것은 무척 힘든 일이 된다. 전쟁을 벌인다는 것은 결국 상대와의 모든 거래를 중단한다는 뜻인데, 이렇게 되면 그 상대 나라에서 얻던 무역의 이익을 포기해야 한다. 이익 포기 정도가 아니라 자칫 심각한 생존의 문제가 될 수도 있다.

결국 성숙한 자본주의 국가가 다른 자본주의 국가와 전쟁을 벌이기 위해서는 분업을 포기하고 모든 것을 자급자족할 수 있어야 한다. 대외 의존도가 현저히 낮아져야 하고 고립국가가 되어야만 한다. 이런 이유로, 성숙한 자본주의 국가와 자본주의 국가 간의 전쟁은 거의 불가능한 일이 된다.

세상에는 자본주의와 상관없는 전쟁이 훨씬 많았다. 18~19세기만 보더라도 유럽이나 신대륙에서는 오스트리아 왕위계승 전쟁(1740~1748), 7년 전쟁(1756~1763), 나폴레옹 전쟁(1803~1815), 반도 전쟁(1808~1814), 라틴아메리카 독립전쟁(1810~1825), 미·멕시코 전쟁(1846~1848), 크림 전쟁(1853~1856), 프로이센·오스트리아 전쟁(보오전쟁, 1866), 프로이센·프랑스 전쟁(보불전쟁, 1871), 줄루 전쟁(1879), 보어 전쟁(1899) 등 우리가 그 내용조차 잘 모르는 전쟁들이 끊임없이 벌어지고 있었다. 대부분 오도된 민족주의나 애국주의의 결과물들이다.

물론 최근의 걸프전이나 이라크 전쟁 같은 상황에 자본가들의 입김

이 전혀 없었다고 하면 거짓이다. 분명 그들은 전쟁을 통해 많은 돈을 벌어들였을 것이다. 하지만 만약 후세인이 자유민주주의를 지향했다 하더라도 결과가 전쟁으로 이어졌을까? 그렇진 않을 것이다. 자본가들은 찾아온 기회를 활용했을 뿐이다. 전쟁을 자본가가 획책한 것이 아니다. 국가가 특별히 군수산업 자본가 계층만을 위한다는 것은 말이 되지 않는다.

실상 전쟁이 국가 재정에 주는 압박은 엄청나다. 그래서 심지어 미국조차 새로운 전쟁을 벌이기를 머뭇거리곤 한다. 전쟁을 통해 이득을 얻는다는 발상은 어처구니없는 것이다. 오히려 전쟁에 소요되는 자본과 자원을 더 생산적인 다른 곳에 사용하는 것이 낫다.

대공황과 자본주의의 위기

마르크스의 공황이론

마르크스주의자들의 주장대로라면 전쟁은 자본가들이 자신의 잉여생산물을 국가에 팔아넘기는 행위이다. 특히 레닌이 이에 대해 깊이 연구했다. 국가는 세금으로 자본가들의 잉여생산물을 구입해, 전쟁이라는 극단적인 행위로 이를 소진한다. 전쟁이 마무리되면 패전국은 승전국의 식민지나 다름없게 되고, 승전국의 자본가들은 패전국 자본가들의 몫을 야금야금 빼앗아 간다. 이런 식으로 세계에 존재하는 자본가들의 수는 지속적으로 감소한다. 이 말은 즉, 노동자들의 비중이 늘어난다는 것이다. 결국 자본가들의 비중은 극도로 작아지고 노동자들의 비중은 극단적으로 커지게 된다. 세계는 빈부격차 불균형의 끝으로 간다.

1929년 10월 24일 벌어진 뉴욕 증권시장의 대폭락, 즉 '검은 목요일'로 촉발돼 전 세계로 퍼진 대공황은 마르크스주의자들의 주장을 뒷받침하는 듯 보였다. 수많은 자본가들이 파산을 맞았고 수많은 노동자들의 실업자가 되어 거리로 내몰렸다. 마르크스주의자들은 호기를 맞은 듯 외쳤다.

"그것 봐라! 내 말이 맞지 않느냐!"

대공황은 기존 경제학자들에게 큰 충격으로 다가왔다. 고전경제학 이론대로라면 공급이 과잉되어도 결국 이는 다 소비되게 되어 있다. 아무리 많이 물건을 만들어 내도 결국은 다 팔린다는 말이다. 얼토당토않은 소리 같지만 근거가 있다.

공급이 과잉이란 말은 고용도 과잉이란 말이다. 즉, 너무 많은 노동자들이 일하면서 월급을 받고 있다는 소리다. 그렇다면 이들에게 주는 임금의 총량도 균형 상태보다는 더 많을 것이다.

그런데 노동자들도 받은 월급을 언젠가는 쓰기는 써야 한다. 결국 노동자들은 소비량을 늘게 된다. 결국 쓸데없이 많이 공급된 것처럼 보이는 생산물들도 결국은 다 소비된다. 이것이 바로 세이(1767~1832)의 법칙이다. 물론 이 법칙은 물건들 하나하나에 현미경처럼 들이댈 성질의 법칙은 아니다. 거시적 국가경제 차원에 적용되는 법칙이다. 물건이 안 팔려 파산할 기업가도 있을 것이고, 돈을 쌓아 두고 쓰지 않는 노동자도 꽤 될 것이다. 하지만 이런 지엽적인 문제는 무시하고 국가 전체적인 시각에서는 '공급이 수요를 창출한다'는 게 세이의 법칙이다.

그러나 현대에 와서 이 세이의 법칙을 곧이곧대로 믿는 경제학자는 거의 없다. 세이의 법칙은 경제가 아주 이상적으로 잘 성장할 때에나 조금 들어맞는 얘기다. 툭하면 길거리에 나붙는 '기업파산 창고대방출' 같은 포스터는 물건이라고 만들었다 하면 팔리는 시대가 아니라는 것을 잘 드러낸다. 현대는 소비자의 필요에 맞는 물건을 만들어야 겨우 팔릴까 말까 한 시대이다. 소비자의 성향은 너무나 다원화되고 복잡해져 버려서 뭔가 획기적인 것을 만들지 않으면 안 되는 시대가 되었다. 아이디어가 더 중요해졌다는 말이다. 조립식 가구 이케아의 성공도 그런 측면이다. 포드나 GM같이 수십만 명을 고용해 대량생산 시대를 이끌던 대기업의 시대는 저물고 있다. 구글이나 애플처럼 수천 명으로도 세계를 이제 충분히 선도할 수 있는 시대이다. 무작정 일손이 많이 필요한 시대가 아니다.

전혀 다른 이유로, 1920년대 마르크스주의자들 역시 세이의 법칙을 믿지 않았다. 그들에겐 대공황이 마치 자신들이 모시는 신인 마르크스가 예언한 것만 같은 기막힌 현상이었다. 과잉공급된 물건들이 쌓이고 쌓이다 보니 결국 안 팔리고 기업들은 도산하고 주식은 폭락하는 과정으로 대공황이 시작되었다. 공산주의자들의 분석은 내 간단한 설명보다는 조금 더 어렵지만 기본 아이디어는 같다. 공산주의자들의 생각은 너무나 쉽고 명쾌해서 매력이 있다. 꽤 설득력이 있다.

　과연 대공황의 진짜 원인은 무엇일까? 사실 여기에 대해선 경제학자들마다 의견이 분분하다. 워낙 여러 가지 원인이 복합적으로 얽혀서 생긴 일인데, 그중에서 무엇을 더 비중 있게 보느냐에 따라 해석이 달라지는 것이다. 하지만 중요한 지침이 있다.

폭풍 전의 고요

앞서 말했듯 독일과 이탈리아, 오스트리아 등은 인플레이션에 허덕이며 고통과 혼란의 시간을 보내고 있었고 영국과 프랑스는 비록 전쟁에서 승리했어도 전쟁 비용을 겨우 갚아 나가는 형편이었다. 반사적으로 미국만 호황이었으니 미국의 성장은 필연적인 일이었다. 토지와 주식 투기가 엄청나게 늘었다. 포드 자동차나 라디오 등 수많은 새로운 제품들이 쏟아져 나오면서 새로운 사업에 투자만 하면 배당이 엄청났다. 불로소득이 많아진 것이다.

　이 당시의 시대상은 스콧 피츠제럴드(1896~1940)의 소설 『위대한 개츠비』에 잘 나와 있다. 그야말로 유례없는 호황과 번영, 엄청난 화려함. 소설의 배경은 1922년이다. 소설의 화자인 닉 캐러웨이는 뉴욕의 증권회사 직원인데, 나는 가끔 닉이 소설에서처럼 고향에 돌아가지 않고 7년 후 대공황에 맞닥뜨렸다면 어떻게 됐을까 상상할 때가 있다.

아무튼 시대가 이렇다 보니 미국 내의 자본이 해외로 뻗어 나가질 않고 미국 내에서만 돌기 시작했다. 경기가 과열되는 것이다. 부동산 가격이 치솟고 (개츠비 같은) 벼락부자들이 늘어났다. 자칫 온 사회가 건전한 노동을 권장하기보다는 투기로 한몫 잡는 것에만 집중할 우려가 있었다. 인플레이션으로 물가가 급상승해 월급 생활자들의 생계가 궁지로 몰릴 수 있었다. 당시 미국 연방준비위원회(FRB)는 미국 사회의 뿌리가 흔들릴까 걱정됐다. 그래서 이자율을 올리기로 결정했다.

이자율을 높이면 어떤 일이 벌어질까? 2021년 현재 우리나라의 금리는 거의 1퍼센트 수준인데 물가상승률을 고려하면 이자가 거의 없는 것과 다름없다. 이런 저금리 상황에선 저축 같은 걸 하기가 싫어진다. 저축보다는 그냥 소비해 버리거나, 좀 머리를 굴려서 주식에 투자한다거나 하고 싶어진다. 신규 투자가 거의 없고 경기가 침체된 상황에서 정부가 저금리 정책을 쓰는 이유이다. 그렇게 시중에 돈이 많이 풀리다 보면 물가가 오르는 게 일반적이다.

반대로 경기가 과열일 때에는 고금리 정책을 쓰는 게 일반적이다. 금리가 높아지면 사람들은 저축으로도 이자소득을 꽤 벌 수 있다는 생각을 하게 된다. 은행에 묶인 돈이 늘어나고 물가도 안정화된다. 대신 사람들이 지출보다는 저축을 하다 보니 소비가 줄고 투자도 줄어든다.

1920년대 FRB가 고금리 정책을 택한 건 어쩌면 당연한 해법이었는지도 모른다. 2퍼센트대였던 이자율이 순식간에 6퍼센트로 치솟았다. 그러나 FRB가 기대하지도 않은 곳에서 엉뚱한 일들이 벌어지기 시작했다.

높아진 미국의 이자율 때문에 유럽의 자금이 갑자기 미국으로 유입되기 시작했다. 같은 돈을 저금해도 유럽보다 미국에서 더 높은 수익을 얻을 수 있었기 때문이다.

결국 오스트리아와 독일 등의 여러 은행들이 급격한 예금 인출로 인해 파산을 겪게 되었다. 그나마 프랑스는 괜찮은 편이었지만 영국엔 외환위기가 찾아왔다. 이러한 위기는 곧 유럽 사람들의 구매력 하락으로 이어졌다.

앞서 말했듯 당시 미국은 풍요가 극에 달한 시점이었다. 그 풍요로운 생산물들은 미국 내에서만 소비되는 게 아니었다. 유럽 등지에도 꽤 수출되고 있었다. 갑자기 유럽에 찾아온 경제위기가 미국에 영향을 안 줄 수가 없었다. 특히 미국의 농업시장에 심각한 과잉공급 현상이 나타났다. 전쟁으로 낮아졌던 유럽의 농업 생산량이 서서히 회복되면서, 그럭저럭 유지되던 농산물 가격이 급속히 떨어졌다.

이런 현상은 충분히 예상할 수 있었는지도 모른다. 이미 미국은 1929년 4월을 정점으로 경기가 하강 추세로 반전되는 상황이었다. 전 세계적으로도 마찬가지여서 거의 모든 국가에서 금융 및 소비가 위축되고 재고가 누적되는 형편이었다. 재앙이 다가오고 있었다.

검은 목요일

1929년 10월 24일 '검은 목요일' 하루 동안 1,290만 주의 주식이 거래되었다. 주가가 폭락했고 11명의 주식투자자가 자살했다. 이날 주식시장의 재앙은 10월 29일에도 이어졌고 결국 사람들은 엄청난 위기의식을 갖게 됐다. 그동안의 거품이 꺼진 날이었다.

흔히들 이날을 대공황이 시작된 날이라고 하지만 사실은 조금 다르다. 이날은 어찌 생각하면 자본주의 경제에 찾아오는 주기적인 경제주기의 단순한 한 장면이었는지도 모른다. 이를테면 이 정도 규모의 주가 폭락은 1987년 미국에도 있었지만 이때 대공황은 일어나지 않았다. 1929년 당시 부의 감소효과는 10퍼센트 미만에 불과했다. 즉, 검은 목요일은 꽤 큰 위기이긴 했지만 세계 전체를 혼란에 빠뜨릴 정도는 아니었다. 많은 사람들이 얼핏 생각하는 것처럼 검은 목요일이 대공황의 시발은 아니다. 오히려 잠깐 있었던 흔들림에 현명하게 대처하지 못해 대공황이 생겼고 더 극심해졌다고 보는 게 맞다. 다음이 한 사례이다.

1929년 말, 미국 국회의사당 앞에서 묘비 제작업자들을 주축으로 큰 시위가 열렸다. 시위의 목적은 명확했다. 다른 나라에서 수입되는 물건들 때문에 가뜩이나 어려운 살림살이가 더 어려워진다는 것이었다.

"경제가 어렵다. 관세를 올려서라도 일자리를 지켜 달라!"

허버트 후버(1874~1964) 당시 31대 미국 대통령은 1928년 대통령 선거 유세 당시 농산물 관세를 높이겠다는 공약을 했던 형편이었다. 그렇지 않아도 국내의 농업 생산물이 남아도는데 수입되는 양이라도 줄여 보겠다는 생각이었다. 이것 자체만으로도 위험한 생각인데 그 대상이 농산물에서 더 나아가 공산품으로까지 확대되어 버렸다.

1930년 6월 17일이었다. 상원의원 리드 스무트와 윌리스 홀리에 의해 '스무트 홀리법(Smoot-Hawley Tariff Bill)'이 추진됐다. 주된 내용은 수입 품목에 대한 관세 인상이었다. 당시 1,028명의 경제학자들은 이 법의 위험성을 깨닫고 탄원서를 제출하기도 했다.

"후버 대통령! 이 법에 거부권을 행사하시오!"

그러나 후버는 이 말을 듣지 않았다. 당시 다우지수는 꽤 회복된 형편이었고 개인 소비와 기업 투자도 어느 정도 자리를 찾아가고 있었다. 실제로 후버는 1930년 5월에 "공황은 끝났다"고 선언했다. 이런 상황인 만큼 자신감도 있었을 것이다.

스무트 홀리법이 발효돼 철강 등 2만 개 품목의 관세가 100~400퍼센트 급등했다. 다른 나라라고 가만히 있을 리가 없다. 영국과 프랑스, 독일 등 33개 나라가 미국에 공식 항의를 했다. 자유무역이 급격히 위축되었다. 세계시장에 블록이 생겨났다. 불과 1년 만에 미국의 해외 수출이 1929년(52억 4,100만 달러)보다 30퍼센트 이상 감소해 버렸다. 기업의 실적이 눈에 띄게 나빠졌으며 이 기업들에 돈을 꿔주었던 은행 대출도 급속히 부실화됐다.

결국 회복되는 것처럼 보였던 미국 경제는 다시 크게 휘청거리기 시작했다. 경제 침체가 회복되기 시작하다가 다시 침체에 빠지는 현상을 말하는 '더블딥'이란 용어는 1980년대 미국에서 처음 등장한 용어지만 이 당시 현상도 더블딥이라고 볼 수 있다.

한편 독일에서는 1933년 1월 30일 아돌프 히틀러(1889~1945)가 드디어 합법적인 총리가 되어 독일 제3제국을 건설하는 일이 벌어졌다. 실상 나치의 시작은 1919년부터였으나 처음부터 독일 국민들이 열광적인 지지를 보낸 것은 아니었다. 이보다는 대공황 이후 극도로 어려워진 독일의 경제 상황이 나치의 성장을 불렀다고 봐야 한다.

독일은 1933년 10월 국제연맹을 탈퇴했다. 1935년 1월에는 자르 지방의 인민투표에서 승리하여 이 지방을 독일 영토로 복귀시키는 성과도 거뒀다. 육군과 해군도 4~5배 확장해 대외 위협도도 점점 늘려 갔다. 1936년 3월 히틀러는 독일군을 라인란트 비무장지대로 진주시켜 프랑스를 압박하기 시작했다.

전쟁을 막으려는 노력

로카르노 조약

그런데 독일의 라인란트 비무장지대 점령은 로카르노 조약을 정면으로 위배하는 일이었다. 로카르노 조약이란 무엇일까?

1925년 10월 16일 영국, 프랑스, 이탈리아, 독일, 벨기에, 체코슬로바키아, 폴란드의 대표가 한 자리에 모였다. 스위스의 로카르노에서였다. 여기서 7개국 대표들은 5개의 조약과 2개의 협정을 맺었다. 그중 중요한 것을 살펴보면 독일과 벨기에, 독일과 프랑스의 국경 보장 및 라인란트의 영구 비무장화이다. 제1차 세계대전 후 안전보장조약으로는 최대의 성과라고 불린다고 하며, 이 조약을 체결하고 나서야 독일은 국제연맹에 가입할 수 있게 됐다. 이 로카르노 조약을 성사시키는 데 큰 공헌을 한 인물이 바로 영국의 오스틴 체임벌린(1863~1937) 외무장관이다. 체임벌린은 이 성과를 기반으로 노벨 평화상과 가터 훈장을 받는 데 성공했다.

하지만 이런 명예는 그리 오래가지 못했다. 1936년 3월 라인란트에 독일군이 진주하면서 로카르노 조약은 정면으로 파기됐다. 오스틴 체임벌린 입장에서는 사망하기 바로 1년 전에 자신의 업적이 파괴되는 것을 지켜봐야 했으니 심정이 어땠을까?

국제관계에서 조약만큼 허무한 것도 없다. 아무리 굳센 의지로 서로 약속했다 하더라도 상황이나 처지의 변화로 인해 얼마든지 파기되는 게 국제조약이다. 결국 국제관계는 힘과 이해관계에 의해 좌우될 수밖에 없다. 당시 독일군의 군비 증강은 주변 세력들에겐 상당한 위협이었다. 독일의 로카르노 조약 파기는 심각한 위협이긴 했지만, 주변 국가들은 그냥 넘어갔다. 그게 평화를 지킬 수 있는 길이라고 생각했기 때문이었다.

서서히 야욕을 드러내는 독일의 영토 욕심은 결국 또 다른 분쟁을 불러왔다. 1938년 3월 독일은 오스트리아를 합병해 버렸다. 그리고 곧바로 체코슬로바키아 땅 주데텐란트에서 영토 분쟁이 시작됐다. 주데텐란트는 독일계 사람들이 많이 거주하던 지역이었다. 이를 이용하고자 마음먹은 히틀러가 '독일민족의 자결과 독일인의 생활공간'을 요구하고 나섰다. 히틀러의 집요한 요구에 맞서 체코슬로바키아는 국민 총동원령을 내려 전쟁 준비를 시작했다. 독일과의 군사적 긴장도는 점점 높아지고 있었다. 영국과 프랑스가 나섰다. 이들 국가들은 전쟁을 원하지 않았다.

뮌헨 협정

당시 영국 총리는 로카르노 조약을 체결하는 데 주도적 역할을 했던 오스틴 체임벌린의 친동생 네빌 체임벌린(1869~1940)이었다. 그는 영국, 프랑스, 독일, 이탈리아 4개국 대표가 뮌헨에서 만나 평화적 해결 방안을 강구해 보자고 제안했다. 뮌헨 협정이다. 여기서 주목할 것은 막상 당사자인 체코슬로바키아가 이 협정 당사국에서 빠져 있다는 사실이다. 당시의 국제관계가 얼마나 폭력적이었는지 능히 짐작할 만한 부분이다.

아무튼 1938년 9월 30일, 뮌헨에 모인 4개국 대표는 주데텐란트를 독일에 넘겨주는 데 합의해 버렸다. 영국과 프랑스는 히틀러의 야욕이 거기서 멈출 것이라 생각했다. 그러나 그것은 헛된 기대에 불과했다.

1939년 3월 독일은 체코슬로바키아를 독일의 보호령으로 만들고, 여세를 몰아 9월 폴란드 침공을 감행했다. 인류 역사상 가장 많은 인명과 재산 피해를 남긴 제2차 세계대전은 이렇게 시작되었다.

평화를 가져오리라 기대됐던 뮌헨 협정은 그렇게 간단히 무시됐다. 형과 동생, 두 체임벌린이 번번이 독일에게 속은 셈이다.

뉴딜 정책

루스벨트와 케인스

독일이 전체주의의 함정에 빠지고 있을 무렵, 미국은 여전히 경기 침체 탈출을 위해 노력 중이었다. 이 당시 프랭클린 D. 루스벨트(FDR, 1882~1945) 미국 32대 대통령은 '뉴딜 정책'으로 잘 알려져 있다.

뉴딜이란 이름은 1932년 출판된 스튜어트 체이스의 책 제목에서 따왔다고 알려져 있다. 루스벨트가 1932년 대통령 후보 지명 수락 연설에서 이 이름을 언급했다고 해서 그의 일련의 경기 부양 정책들이 뉴딜로 불리게 됐다. 루스벨트는 대공황을 타개하기 위해 당선된 대통령이었다 해도 과언이 아닐 정도로 임기 내내 뉴딜 정책에 몰두했다.

1933년 1차 뉴딜을 통해 루스벨트는 유명한 '테네시강유역개발공사(TVA)'를 설립하고 각종 복지 정책을 실시하기 시작했다. 아울러 금본

위제와 금주법을 폐지하기도 했다. 1935년부터 있었던 2차 뉴딜 당시 의회에서는 공공기획촉진국, 전국노동관계법, 사회보장법 등이 승인되 었다.

뉴딜 정책을 가장 강력하게 이론적으로 지원한 게 바로 케인스이다. 그의 가장 유명한 책은 1936년에 발표한 『고용, 이자 및 화폐의 일반이 론』이지만 실상 1923년 『화폐론』과 1930년 『화폐개혁론』에 이미 그의 사상이 대부분 정립되었다고 보는 게 맞다.

케인스는 경기 침체의 원인을 유효수요 부족에서 찾았다. 유효수요 란 실제로 벌어지는 수요를 말한다. '사고 싶다'는 마음만으로는 안 된 다. 실제 경제에 전혀 영향을 끼치지 않기 때문이다. 당시 남아돌던 농 산물들이나 관세 장벽에 부딪혀 수출되지 못하고 재고로 쌓인 공산 품들을 바라보며 사업가들은 참 답답했을 것이다.

왜 만들면 팔린다는 세이의 법칙이 틀린 것일까? 케인스에 따르면 그것은 저축 때문이었다. 상당수 사람들은 일정 정도 저축을 하거나 돈을 묻어 둔다. 이는 곧 소비의 유보를 뜻한다. 전체적으로 소비될 것 이라 기대됐던 양보다 더 적은 돈이 시장에 풀리는 것이다. 이렇게 실제 로 시장에 풀리는 돈의 총량이 곧 유효수요이다. '소비될 것으로 예상 됐던 공급량'과 '실제 소비된 공급량'의 차이가 곧 재고 과잉으로 이어 지고 공황으로 귀결된다고 케인스는 보았다. 결국 '저축의 역설'이 존재 한다는 것인데, 여기서 케인스는 "소비가 미덕이다"라는 유명한 말을 하게 된다. 하지만 소비가 미덕이라고 아무리 말해도 대부분 사람들은 어느 정도 저축을 하거나 하면서 소비를 유예한다. 이 지점에서 정부의 개입이 필요해진다고 케인스는 보았다.

케인스에 따르면 뉴딜 정책은 유효수요를 국가가 나서서 창출하는 과정이다. 수요가 부족해서 발생한 대공황을 극복하기 위해 국가가 나서서 수요를 늘려 줘야 한다는 것이다. 그럼 국가가 나서기 위한 돈은 어디서 나오는가? 경제가 어려운데 세금을 더 걷을 수는 없는 일이다. 이럴 때 바로 재정 정책이 필요해진다. 즉, 국채를 발행하는 식으로 재정을 확보한 다음 이 돈으로 커다란 공공사업을 한다거나 해서 시중에 수요를 강제로 불러일으킨다는 것이 케인스의 대공황 해법이었다.

장기적으로 우리는 모두 죽는다

물론 케인스도 고전경제학은 잘 알고 있었다. 사실 장기적으로 보았을 때 고전경제학자들의 논리에 오류는 없었다. 수학적으로 아주 명확하게 증명되는 것이 경제학 이론의 타고난 장점이다. 하지만 케인스는 이렇게 반박했다.

"장기적으로 우리는 모두 죽는다."

이 말은 곧, 고전경제학이 추구하는 장기적 전망은 보통 사람들에겐 너무 먼 나라 일이라는 얘기이다. 앞서 고전적 경제 정책의 시간적 한계를 다루며 언급했던 문제이기도 하다. 1년 후 잘살 거라는 전망은 당장 내일 굶는 사람들에겐 전혀 중요하지 않다.

"우리가 죽는다고 우리 후손까지 모른 체할 것인가?"

이런 얘기를 하는 사람은 대부분 장기적 전망을 중요시하는 시장경제주의, 자유주의자들이다. 그런데 또 아이러니한 점은 자유주의자들이야말로 필연적으로 개인주의자들이라는 것이다. 개인의 가치를 그토록 중시하는 자유주의자들이 당장 본인의 앞날을 걱정하는 빈곤층에게 "후손을 걱정하라"고 말하는 것은 어딘지 묘한 모순을 발생시킨다.

포퓰리즘이 나라 경제를 좀먹는다는 것은 잘 알려진 사실이지만 결국 당장의 이익 때문에 인기 영합적인 정치인을 뽑아 주는 일반 대중을 마냥 비난할 수만도 없다. 결국 중요한 것은 국민의 의식이 어느 정도 발전했는지의 여부다.

당장의 복지도 중요하지만, 복지를 지속하기 위해 경제발전의 원동력을 놓치지 않아야 한다는 마음가짐도 중요하다. 경제가 지속적으로 발전해야 점점 커져 갈 복지 비용을 감당할 수 있기 때문이다. 이렇게 쳇바퀴를 돌면서 케인지언(케인스 경제학을 따르는 사람들)과 자유주의자들의 논쟁은 끝날 줄 모르고 계속되고 있다.

정리해 보면, 케인지언들은 보통 다음의 두 명제를 따른다. 첫째, 민간경제는 완전고용에 도달하지 못할 수 있다. 둘째, 정부 지출은 완전고용과 불완전고용 사이의 간극을 메꿀 수 있다. 여기에 대해 자유주의(혹은 그 흐름이라고 볼 수 있는 통화주의, 합리적 기대 가설, 항상소득 가설)는 계속 반박을 멈추지 않고 있다. 거의 감정의 골까지 생길 정도이다.

이런 농담이 있다. 경제 세미나에 참석하러 경제학자들이 대거 비행기에 탔는데 그중에 자유주의자는 1명, 케인지언들이 나머지였다. 자유주의자는 꽤 불쾌함을 느끼고 있던 터에 그만 비행기가 추락하기 시작했다. 상황이 절망적이었다. 이때 자유주의자가 신이 나서 친구에게 메일을 보냈다.

"곧 케인지언 수십 명이 이 세상에서 사라질 거야."

실없는 농담이지만 그들의 끝없는 대결의식을 잘 보여 주는 것 같다.

공산주의를 막은 수정자본주의

케인스의 거대한 기여

케인스 경제학의 가장 큰 공로는 무엇보다 미국, 유럽 사회에 공산주의가 유행하는 것을 막았다는 점이다. 미국과 유럽이 대공황으로 몸살을 앓을 당시 소련은 농업국에서 공업국으로 착착 발전해 가고 있었다. 이 때문에 당시에는 경제를 그냥 시장에 맡기는 것보다 국가 주도로 풀어 가는 게 맞지 않겠냐는 의구심이 서양 사회에 꽤 퍼져 있었다.

"봐! 소련이 오히려 경제 불황도 없고 살 만한 것 같지 않아?"

이런 생각에 미국에서 소련으로 이민을 간 사람들이 무려 10여만 명 됐다고 한다. 이 사람들은 가서 어떻게 되었을지, 어떤 대접을 받았을지, 이 사람 후손들은 어찌 되었을지 궁금한 일이다. 알렉산드르 솔제

니친의『수용소군도』를 읽어 보면 이 미국 사람들에게 큰 희망이 있었을 것 같지는 않다.

이런 우화가 있다. 평생 고행만 하다 죽음을 맞은 한 성자에게 지옥과 천당을 구경하고 선택할 권리가 주어졌다. 천당에서는 천사들이 경건하게 노래를 부르며 그를 맞았다. 평화롭고 온화한 하루하루였다. 그런데 지옥에 가니 이게 웬일인가! 지옥에는 온갖 쾌락과 향응이 있는 게 아닌가! 담배, 술, 여자, 도박 등등…. 결국 성자는 지옥으로 가기로 했다. 지옥이 더 재미있어 보였다.

그런데 지옥에 가자마자 악마가 그를 뜨거운 불지옥으로 밀어넣는 것이다.

"이게 어떻게 된 일이오! 내게 보여 준 것과 다르지 않소!"

그러자 악마가 말했다.

"그건 관광 코스였어."

심지어 1950~60년대까지도 장폴 사르트르(1905~1980) 등 소련에 대해 헛된 낭만을 품었던 유럽의 철학자들과 간첩들 때문에 소련으로 망명하는 사람들이 많았다. 이 사람들의 처지도 위 우화와 비슷하지 않았을지 감히 생각해 본다.

소련은 망할 수밖에 없었다

열악한 상황에서 소련의 초창기 성공은 도대체 어떻게 가능했는지 궁금하다. 사회가 단순했기 때문에 가능했을 수도 있다. 산업 구조가 그리 복잡하지 않았다는 말이다. 이런 곳에서는 정부가 나서서 일괄적으로 생산량을 정하고 가격을 정할 수 있다. 물론 초창기에는 그 모순이 쉽게 드러나지도 않을 것이다. 그간의 경험에 따라 기껏해야 수십 가지 생산물들의 가격과 생산량을 '배정'하면 되는 것이다.

하지만 사회가 발전하고 산업이 다각화되면 될수록 이는 점점 불가능한 일이 된다. 수백 가지에서 더 나아가 수만, 수십만(어쩌면 수십억) 가지 상품의 가격과 생산량을 국가 관리가 일일이 정한다는 게 과연 가당키나 한 일인가? 그런 건 관료들이 할 수 없는 일이다. 시장에서 알아서 해결할 일이다.

소련의 발전은 공산주의 사회에 대한 헛된 희망에 가득 찬 몽상가들의 순수한 열정 덕분이었을 수도 있다. 즉, 인류의 가장 이상적인 사회가 드디어 도래했다는 환상에 젖은 사람들이 자신의 재능을 마음껏 발산한 것이다. 그 환상이 사실은 거짓이라는 전체주의의 실상이 미처 드러나기 전에 말이다. 처음에는 마냥 좋은 줄 알고 열심히 하다가, 결국 그 허상이 드러나면서 점점 나락으로 떨어지는 사회. 그러다가 소련은 드디어 1991년 몰락했다.

그러나 1930년대는 소련이 탄생한 지 10여 년 지났을 때이고 소련에 대한 환상이 아직 많을 때였다. 대공황을 지켜보며 미국식 자본주의에 대한 의구심을 가질 법도 했다. 이런 상황에서 케인스의 방법론은 자본주의가 스스로를 지키는 데 꽤 적절한 해법이었다.

같은 국가 개입이라고 해도 케인스와 마르크스의 결정적 차이는 바로 국가의 역할에 대한 시각이다. 마르크스가 볼 때 자본주의 국가는 자본가의 계급적 이익을 대변하는 도구일 뿐이다. 따라서 계급 갈등이 심해지고 사회 모순이 격화되면 결국 노동자의 봉기가 일어나 자본주의 국가는 몰락한다고 마르크스는 보았다. 이때가 되면 노동자들의 당이 독재를 하게 되고 이것이 곧 프롤레타리아 독재, 곧 사회주의이다. 여기서 더 나아가 모든 자본가가 축출되고 온 세상에 '능력에 따라 일하고 필요에 따라 분배받는' 세상이 도래하면 공산주의 사회가 된다는 것이다.

케인스는 이런 헛된 망상은 절대 품지 않았다. 그렇다고 해서 케인스가 자유시장을 백 퍼센트 신뢰한 것도 아니었다. 자본주의 정부가 공공 수요를 늘리고 민간 부문의 소비와 투자 의욕을 북돋는 정책을 펴다 보면 결국 경제가 안정화된다는 것이 케인스의 주장이었다. 너무 경제가 안정적이라면 국채를 다시 사들여서 돈을 풀면 된다. 그럼 서서히 경제가 성장을 시작한다는 게 케인스의 논리다.

전쟁을 '자본의 무한한 탐욕이 낳은 비극'으로 바라보던 공산주의자들은 대공황이 자본주의의 필연적 결과라고 믿었다. 결국 모든 자본주의 국가들에서 혁명이 일어나 공산주의의 세계 정복이 가능하리라고 본 사람도 있었다. 제2차 세계대전이라는 비극도 공산주의자들 시각에서는 이런 멸망을 늦추기 위한 자본의 몸부림이었다. (그들이 바라기에) 전쟁이 끝난 후에는 더욱더 자본주의 내부의 모순이 심해질 것이었다.

미국이나 유럽의 정부들은 전쟁이 끝난 1950년대 이후 케인스 경제학을 실제로 여기저기 적용했다. 게다가 초기에는 성과도 있었다. 많은 나라들에서 경제 위기나 침체가 일어날 때 케인스의 처방을 따랐고 상당수 이는 성공적으로 먹혀들기까지 했다. 이렇게 케인스 경제학은 1960~70년대에 절정을 맞았다. 일부가 바라던 공산주의 혁명 따위는 절대 일어나지 않았다.

정부 개입의 명암

재정 정책과 금융 정책

다시 한 번 말하자면 케인스 경제학의 핵심은 '정부 지출 증가를 통한 유효수요 창출'이다. 이를 경제학에서는 재정 정책이라고 한다고 했다. 그럼 정부가 지출할 그 돈은 어디서 나오는가? 국채 발행이나 공채 매입 등 여러 가지 방법이 있겠지만 사실 모든 방법의 맨 밑바탕에는 '세금'이 있다. 즉, 케인스식 재정 정책을 원활하게 시행하기 위해서는 세금을 원활하게 걷을 수 있어야 한다. 이 지점이 바로 케인스 경제학의 독성이 내재된 곳이다.

경제 용어 중에 '래퍼 곡선'이라는 게 있다. 세율이 높아지면 높아질수록 처음 어느 정도까지는 정부의 세금 수입이 늘어난다. 그러다가 어느 시점을 지나고 보면 오히려 세금 수입이 줄어드는 현상이 나타난다. 탈세 같은 이유가 아니다. 너무 세금을 많이 걷다 보면 어느 시점 이후부터 민간 영역에서의 경제활동이 줄어들어 오히려 국민소득이 줄어드는 것이다. 1970년대 미국 레이건 행정부는 이 래퍼 곡선을 근거로 세율 인하 정책을 펼쳤다.

이 '어느 시점'이라는 게 과연 어느 정도인가 하는 문제는 상당한 논란을 가져올 수밖에 없는 문제이다. 누구는 30퍼센트라 하고, 누구는 10퍼센트라 할 것이다. 워낙 주관적이고 정치적인 문제일 수 있다. 그러나 핵심은 래퍼 곡선이 실제로 존재한다는 점이다. 즉, 세율을 올린다고 무조건 세금 수입이 늘어나는 것은 아니다. 이 점이 바로 정부가 재정 정책을 시행할 때 뜬금없이 등장하는 변수가 된다.

재정 정책만이 정부나 당국이 할 수 있는 유일한 경제 정책은 아니다. 한국은행 등이 할 수 있는, 실제로 하고 있는 것으로 기준금리 정책, 지급준비율 제도, 공개시장 조작, 총액 한도 대출 등의 '금융 정책'이 또 있다. 금융 정책은 직접적으로 시중에 통화량을 얼마나 풀 것인가 하는 것과 관련되어 있다.

불편한 동거

재정 정책과 금융 정책 사이에는 엄연한 차이가 존재한다. 이를테면 재정 정책은 정부가 새로운 사업을 계획하고 지출을 하는 것이기 때문에 일처리가 그리 빠르지가 않다. 안을 만들고 의회 등을 거쳐 인가를 받아야 한다. 길면 몇 개월씩도 걸리는 게 재정 정책이다. 그러나 한번 시행되면 그 효과는 빠르다. 시중에 바로 돈이 풀리기 때문이다.

반면 금융 정책은 조금 다르다. 금융 정책은 금리나 지급준비율 등을 수치상으로 변경할 뿐이라 정책을 실행하는 데 그리 긴 시간이 필요하지 않다. 대신 금융 정책이 효과를 발휘하려면 시간이 오래 걸린다. 즉, "재정 정책은 실행 시차가 길지만 외부 시차가 짧고, 금융 정책은 실행 시차가 짧지만 외부 시차가 길다"고 보통 얘기한다.

사실 금융 정책의 외부 시차는 최근 많이 짧아졌다. 하루에 한 번 신문이 발행되던 30년 전에 비해 매분 매초 뉴스가 나오는 요즘이다. 금융 정책의 효과가 이론보다도 훨씬 빨리 반영되는 사회가 됐다고 보는 게 초 단위로 변화하는 국제경제시장에 더 합리적인 얘기일 것이다.

재정 정책은 전체 통화량에 큰 영향은 주지 않는다. 다만 세금을 모아 커다란 시설 투자를 정부가 벌이는 것이다. 그러나 금융 정책은 통화량에 직접적 영향을 준다. 재정 정책과 금융 정책 중 과연 어느 쪽이 더 효과적인지를 놓고 경제학파들끼리의 논쟁이 또 엄청나게 치열했다. 고전학파와 케인지언들, 통화주의자들이 다 다른 이야기를 하니 꽤 헷갈리는 이야기가 되어 버리는 것이다. 이를테면 화폐 유통 속도의 해석에 대한 차이, 총수요-총공급의 관점에 대한 문제 등이 복잡하게 얽혀서 끝없는 논쟁이 되어 버렸다.

그러나 최근 신고전학파와 뉴케인지언의 경우는 조금 다르다고 한다. 역사적으로 두 세력의 격렬한 논쟁은 이루 말할 수 없었으나 점점 서로 합의하는 과정에 있다고나 할까? 점차 이 둘의 의견차가 줄어드는 모양새가 보인다.

두 학파가 갈등하던 주요 원인은 사실 '인간은 어떻게 행동하는가?'에 있다. 그런데 인간 행동의 기초가 매우 다양해지고 있다. 사람들이 점점 먹고살 만해지고 있다. 인간의 행동 동기가 오로지 '자기이익 추구'에만 있던 과거 어려운 시절이 아니다. 인간은 이제 '자아 실현'이나 '공동체성 추구' 등을 위해서도 행동에 나설 수 있다.

화폐의 유통 속도와 관련해서도 그렇다. 과거에는 대중의 행동양식이 통계적으로 얼추 비슷해서 어느 소득군의 사람들은 저축률이나 소비 패턴 등이 다 비슷비슷했다. 가끔 예외가 있었어도 이는 특수한 한 사례에 불과했다. 그러나 최근을 생각해 보자. 과연 비슷한 소득군 사람들의 돈 씀씀이가 비슷한가? 아니다. 전혀 다르다. 어떤 사람은 꾸준히 저축을 하고, 어떤 사람은 갑자기 다 집어치우고 세계여행을 떠난다. 어떤 사람은 비트코인에 투자를 하고 어떤 사람은 금을 사 모은다. 신고전학파와 뉴케인지언들의 논쟁의 여지들이 점점 없어지는 시대가 되지 않았나 잠깐 생각해 본다.

케인스의 한계

케인스 경제학의 한계에 대한 기본적 비판에는 다음과 같은 것들이 있다.

첫째, 저축의 효과를 지나치게 무시하였다. 저축을 한다는 행위는 거기서 끝이 아니다. 은행이 예금자들의 예금을 다른 곳으로 대출해 주기 때문이다. 곧, 그 저축을 이용해 다른 사람이 새로운 투자를 한다. 그리고 이 새로운 투자야말로 경제성장의 원동력이다. 투자 없이 버는 족족 쓰기만 하면 경제는 결코 성장할 수 없다. 그냥 현재 상태로 영원할 뿐이다. 케인스는 저축을 하면 그 돈이 마치 영원히 은행에 묶여 있는 것으로 가정하고 논의를 시작했다. 이렇게 저축을 바라보는 건 전혀 현실적인 논의가 아니다.

둘째, 가격 경직성에 대한 해석의 문제이다. 가격 경직성의 가장 가까운 예로는 최근에 시행된 도서정가제가 있을 수 있다. 책의 가격을 출판사가 함부로 변동시킬 수 없게 정부가 나서서 정해 버린 것이다. 임금의 문제도 있다. 임금을 낮춰야 한다고 시장에서 압박하더라도 노동조합이나 사회 인식 등이 이를 거부할 수 있다. 고전학파 경제학자들은 가격 경직성을 최대한 없애야 한다고 주장한 반면, 케인지언들은 가격 경직성이 '실제로 벌어지는 어쩔 수 없는 일'이라고 생각하는 경향이 강하다. 만약 시장에서 가격이 정말 자유롭게 변한다면 고전학파 경제학자들의 바람대로 낙관적인 경제 전망을 할 수도 있을 것이다. 케인지언들이 현재의 병폐들을 "어쩔 수 없는 일"이라고 포기해 버리는 행위는 결코 바람직해 보이지 않는다.

셋째, 케인스 경제학이 공산주의를 성공적으로 막는 데에는 성공했지만, 국가와 사회의 경제적 건전성을 심각하게 훼손했다는 주장이다. 포퓰리즘의 대거 득세가 그 대표적인 예이다. 미제스가 꿰뚫어 보았듯 경제 정책은 전체주의적이거나 혹은 개인주의적이거나 두 가지 경향밖에 없다. 둘 중 하나를 선택해야 하는 것이지, 중간은 없다는 말이다. 자유주의자들 입장에서 보면 한 분야에서 전체주의에게 양보하면 이 도미노는 연쇄적으로 영향을 끼쳐서 결국 사회 전체를 전체주의의 함정으로 몰고 간다. 그러다 보면 결국 국가 주도형, 전체주의적 경제 정책이 사회 전체에 횡행할 수밖에 없다.

케인스가 과연 공산주의를 막았다고 볼 수 있을까? 오히려 그는 개인주의 사회에 좀 더 은밀하게 전체주의로 향하는 이정표를 놓은 것인지도 모른다. 케인스의 처방이 사회민주주의를 낳았고 결국 수많은 나라들의 성장판을 닫게 만들었다는 분석을 볼 때, 케인스가 과연 공산주의를 제대로 막은 것인지에 대해선 의문이 생긴다.

마지막으로, 케인스는 공급이 항상 수요보다 남는다고 보았다. 케인스의 관심은 수요에 집중된 측면이 있다. 그러므로 공급을 어떻게 할 것인지, 어떤 공급을 할 것인지에 대한 고민이 거의 없다. 케인스에 따르면 수요는 항상 부족하므로 유효수요만 충족시켜 주면 공급은 저절로다 알아서 된다. 케인스에 따르면 이 세상은 항상 불황 상태이다. 과연 그런가? 공급에 아무런 고민도 필요가 없을까? 그건 아닐 것이다. 어떤 물건을 만들어 팔아야 하는지에 대한 고민은 소비자들의 선택을 받아야 하는 자본주의 사회에서 굉장히 중요한 고민이 아닐 수 없다.

기회비용

여태까지 기회비용이란 단어만 언급하고 그 개념을 제대로 설명한 적이 없는 것 같은데, 이쯤에서 기회비용을 들여다보는 시간을 갖자.

기회비용은 경제학에서 아주 중요한 개념이다. 기회비용의 사전적 정의는 '하나의 재화를 선택했을 때 그로 인해 포기하게 된 다른 재화의 가치'이다. 쉽게 말하면, 어떤 것을 하기로 했을 때 포기하게 되는 다른 것의 가치다.

기회비용에 대한 이해를 돕기 위한 예를 들어보자. 예를 들어 컴퓨터를 사려던 동그라미 씨가 80만 원짜리 데스크탑 컴퓨터와 68만 원짜리 노트북 컴퓨터 중에서 데스크탑 컴퓨터를 골랐다고 하자. 그러면 이 구매행위의 기회비용은 얼마일까? 정답은 사지 않은 '68만 원짜리 노트북'과, 이것을 샀더라면 손에 남아 있었을 '12만 원'이다.

꼭 소비행위에서만 기회비용을 따지지는 않는다. 예를 들어 가격이 아닌 가치에도 기회비용적인 생각을 적용해 볼 수 있다. 동그라미 씨가 여유시간이 2시간 생겼다. 그는 그 시간에 당구를 칠 수도 있고, 커피숍에서 책을 읽을 수도 있다. 만약 그가 2시간 동안 당구를 친다면 커피숍에서 책을 읽을 기회를 잃는 것이다. 그만큼의 가치를 잃는 셈이다(당구비와 커피값은 일단 논외로 하고 여기서는 행위만 보자).

그러나 이 정도로만 기회비용을 이해하고 넘어가면 안 된다. 이 개념은 꽤나 엄밀함을 요구한다. 클로드 프레데리크 바스티아(1801~1850)의

『법』이란 책에 그 적절한 경우가 소개되어 있으니 한번 살펴보자.

이를테면 동그라미 씨의 아들이 야구를 하다가 실수로 집 유리창을 깨뜨렸다. 동그라미 씨가 배시시 웃으며 아들을 칭찬했다.

"우리 아들은 역시 장해. 네가 유리창을 깨서 우리는 새 유리창을 사야만 하고, 유리공장에선 새 유리를 만들 것이고, 유리 끼워 주는 사람의 일당도 챙겨 줘야 하니 결국 전체 고용이 늘겠지."

동그라미 씨의 말에 따르면 기존에 존재하던 어떤 물건이든 자본이든 없애고 다시 만드는 것은 사회 전체의 유효수요를 증가시키는 일이고 결국 사회에 도움이 된다는 말이다.

얼핏 말이 안 되는 일인데, 경제학적으로 생각하니 말이 되는 것도 같다. 그러나 실상은 전혀 그렇지 않다. 바로 기회비용을 고려하지 않았기 때문이다.

만약 동그라미 씨의 아들이 유리창을 깨뜨리지 않았다면 어떻게 됐을까? 아마 동그라미 씨는 유리창 갈 돈으로 새 옷이나 맛있는 음식을 먹었을 것이다. 그러면 옷 공장이나 요식업 종사자 쪽에서 수요가 창출되었을 것이고, 동그라미 씨는 그 나름대로 유리창과 옷, 요리 다 가질 수 있었을 것이다. 즉, 우리는 항상 보이지 않는 것에 대해서도 고민해야 한다는 것, 기회비용을 항상 염두에 두어야 한다는 것이 바스티아의 충고였다.

하지만 막상 많은 사람들은 당장 눈에 보이는 것만 원한다. 그러다 보니 멀쩡한 도로의 아스팔트를 부숴 고용을 늘린다고 말하고, 전쟁이

나면 자본가들이 돈을 번다고 비난한다. 기회비용을 따질 수 있는 사람은 이제 뭐가 문제인지 알 수 있을 것이다.

결국 새로운 '가치'를 창조하는 것이 경제발전의 가장 중요한 목표다. 균형 상태에서 새로운 가치가 어떻게 만들어지는지에 대해선 '혁신'과 '기업가 정신'을 강조한 조지프 슘페터가 멋진 연구를 해 냈다. 그 얘기를 시작하자.

기업은 어떻게 사회까지 혁신시키나

슘페터, 커즈너, 리프킨

창조적 파괴와 혁신

기업가 정신

본 대학교 교수를 거쳐 하버드 대학교 교수를 지낸 **조지프 슘페터**(Joseph Alois Schumpeter, 1883~1950)는 진화경제학의 형성에 결정적 영향을 주었다고 평가받는 경제학자다.

여담으로 슘페터는 동시대의 케인스에 꽤 열등감을 느꼈다고 한다. 케인스만큼 좋은 대학을 다닌 것도 아니고, 그만큼 화려한 경력을 자랑하는 것도 아니었다. 슘페터는 하루 종일 거울 앞에서 옷매무새를 정리하고 그게 마음에 들어야 겨우 외출할 수 있었다고 한다. 그만큼 자신을 어떻게든 상류층으로 편입시키려는 욕구가 강했다는 말이다. 그러나 당시 사람들의 환호는 케인스에게로만 향했다. 아마 슘페터 개인의 좌절감은 꽤 심했을 것 같다.

하지만 현대로 올수록 슘페터의 이론은 점점 각광받고 있다. 슘페터의 가장 유명한 저서는 1942년에 발표한『자본주의, 사회주의, 민주주의』인데 이 중 민주주의에 대한 연구는 당시로서는 굉장히 독보적이고 선구적인 것으로 평가받는다. 슘페터는 자본주의의 강력한 능동성을 강하게 확신하면서도 정치인들의 무책임한 선동성 공약 등으로 인해 "결국 자본주의는 무너지고 사회주의가 도래할 것이다"라고 예측했다. 그의 지적은 현대에 많은 시사점을 던진다. 특히 그리스, 베네수엘라 등의 몰락을 보면 그렇다. 코로나 팬데믹이 지나가고 나면 각 국가들의 경제 기반도 상당히 무너져 있을 것이고 이런 추세는 더욱 가속화될 수 있다. 우리나라도 예외는 아니다.

하지만 현대에 슘페터를 가장 유명하게 한 것은 시대를 앞서갔다는 평가를 받을 만큼 위대한 발견 때문이다. 바로 '기업가 정신'이다.

수요와 공급이 저절로 균형을 이루고 맞추어지는 상황에서는 사람이 할 일이 전혀 없다. 공급자는 그냥 물건을 만들고 시장의 요구에 따라 맞추어 판다. 소비자들도 적정한 가격에 물건을 소비한다. 시장의 압박이라는 '보이지 않는 손'의 위대한 힘이 모든 인간을 손바닥 위에서 가지고 노는 셈이다. 마치 손오공이 부처님 손바닥 위에서만 놀았던 것처럼 말이다. 인간의 치열한 탐구와 모험정신이 들어갈 틈이 없다. 이렇게 되면 '기업가'가 할 일이 없다. 심지어 이런 상황에서는 슈퍼컴퓨터 몇 대만으로 경제 정책을 결정할 수도 있다. 창조적 역할이 전혀 요구되지 않기 때문이다.

일단 시장에 균형이 맞춰져 있다고 해 보자. 이 상황에서는 새로운 기술이 개발될 일이 없다. 균형 상태에서 공급자도 일정 정도 이득이 있고 소비자도 일정 정도 이득을 본다. 이른바 '생산자 잉여'와 '소비자 잉여'이다.

혁신(이노베이션)

여기에 변화를 가져오는 것이 바로 기업가이다. 열린 마음과 리더십, 통찰력 등을 가진 기업가는 혁신(innovation)을 통해 새로운 이윤을 찾아낸다.

이를테면 마차 시장이 현재 균형에 이르렀다고 하자. 이 상태만으로는 시장에 아무런 변화가 없다. 마차 공급자와 마차 소비자가 각자 합리적 금액으로 서로 재화를 교환할 뿐이다.

하지만 기업가들은 여기에 '자동차'라는 새로운 혁신을 가져온다. 이 새로운 혁신은 처음에는 전체 시장으로 퍼지지는 못할 것이다. 단가가 너무 높아서 일부 유한계급만 과시용으로 이용할 것이다. 그러나 점차 생산비용이 낮아지면서 자동차가 마차 시장을 잠식하기 시작한다. 기존의 시장이 파괴되고 새로운 시장이 창조되는 것이다. 이것이 바로 슘페터가 말하는 '창조적 파괴'이다. 기업가는 이러한 혁신을 통해 이윤을 얻는다. 자본주의의 가장 중요한 성장 동력은 바로 기업가들이다.

창조적 파괴는 언제나 있었다

많은 사람들은 새로운 기술 혁신이 빈번한 21세기야말로 슘페터가 말하는 창조적 파괴가 극도로 발전한 세상이라고 본다. 하지만 꼭 그렇지만은 않다. 19세기 후반과 20세기 초반이야말로 '발명의 시대'라고 불릴 정도로 발명이 범람한 시대였다. 이 당시가 바로 에디슨이 활동한 시대이며 진공관이나 자동차, 안전 엘리베이터, 냉장고 등이 등장한 시대이다.

물론 현대에 발명의 열기가 꺾였냐 하면 그렇지도 않다. 세계는 여전히 수많은 발명들로 끊임없이 발전하고 있다. 20세기 초반 미국의 특허국장이 "이제 세상에 새로운 발명품은 나올 수 없다. 더 이상 발명할 수 있는 게 없다"라며 직장을 그만두었다는, 앞서도 한번 언급했던 일화는 발명계의 웃음거리로 회자되고 있다. 기업가 정신은 결국 몇몇 엘리트들만 가진 천부적 재능만은 아니다. 필요한 것을 직접 만들어 냈던 도구의 인간 '호모 하빌리스' 이후의 모든 인류는 다 창의성을 기초로 한 기업가 정신을 발휘할 능력이 있다.

슘페터가 강조한 기업가 정신은 자본주의 체제에 내재하는 혁신의 요인이다. 즉, 경제발전의 동력이 체제 외부에서 오는 것이 아니라 체제 자체에 내재한다는 것이다. 시장에 균형이 존재하는 한 이를 파괴하고 새로운 창조를 불러올 여지는 얼마든지 있다. 그의 '기업가 정신' 개념은 어떤 시대에서건 조명을 받을 자격이 충분하다.

시장은 살아 있다

독점이라는 인센티브

슘페터에 따르면 자본주의 아래서는 장기적으로 모든 사람의 소득이 높아지고 상품 가격은 내려간다. 가난한 사람이 얼마든지 부자가 될 수 있고, 부자도 얼마든지 가난한 사람이 될 수 있다. 가난한 사람이 창조적 파괴를 수행할 능력이 있다면 부자가 될 것이다. 창조적 파괴를 수행한 혁신적 기업은 얼마든지 대기업이 될 수 있다. 부자나 대기업이 현재 균형에만 만족하고 새로운 기술 개발을 등한시하다 보면 결국 시장에서 밀려날 것이다. 자동차가 나오기 전 마차를 아주 잘 만들던 장인이 아마 이런 운명을 겪었을 것이다. 이런 사회라면 자본가와 노동자 계급의 구별이 별 의미가 없다.

창조적 파괴의 과정은 다음 세 단계를 따른다. 발명을 위한 연구, 혁신을 위한 개발, 상품화의 세 단계이다. 뒤의 단계로 갈수록 더 많은 비용이 든다는 것이 슘페터의 분석이다. 따라서 아무리 뛰어난 발명을 했더라도, 아무리 뛰어난 혁신이 가능하다 하더라도 '상품화'를 시작할 만한 자본이 없으면 창조적 파괴는 이루어지지 않는다. 그런 만큼 자본력이 충분한 대기업이 시장에 많을수록 좋다. 이들 대기업의 자본이 경제 발전에 더 큰 이득을 줄 것이다.

이 부분은 일정 부분 맞는 말이다. 많은 뛰어난 발명들이 적당한 자금력을 찾지 못해 사장되는 일이 꽤 비일비재하다. 순진무구하게 발명에만 평생을 바친 연구자가 자신만만하게 연구 성과를 사업화해보겠다고 나섰다가 재산만 잃고 손을 털고 나오는 일도 꽤 많다.

주의할 점은 발명가 정신이 곧 기업가 정신은 아니라는 것이다. 발명가는 사람들이 잘 인식하지 못하는 불편함을 찾아내 그 불편함을 해소하는 사람이다. 기업가는 시장의 수요-공급 곡선의 균형을 직시하고 그 빈틈을 헤집어 나갈 능력을 가진 사람이다. 자동차의 발명자는 니콜라스 퀴뇨지만 자동차를 본격적으로 대량생산하는 데 성공하고 시장에 내놓은 것은 역시 포드의 힘이다.

자본력이 큰 대기업은 독점을 행사할지도 모른다. 아마 특허권 등을 내세워 다른 기업의 시장 진입을 막을지도 모른다. 그러나 슘페터에겐 이런 행태조차 문제가 되지 않는다. 대기업조차 소비자들에겐 이득을 준다. 어쨌든 기존의 상품과는 전혀 다른 새로운 상품이 소비자들에게 더 이득을 준 셈이고, 그들의 선택을 받은 것이기 때문이다. 우리나라의 스마트폰 시장은 삼성과 애플 2개로 양극화되어 있고 이 중에

LG 등이 껴 있는 형편인데, 상당수 사람들은 각자 자기 제품에 만족하기 때문에 스마트폰 시장의 독점에 대해 불평하지 않는다. 이런 경우 대기업에 제재를 가한다는 것은 옳은 방향이 아니다. 혁신을 향한 동기가 사라져 오히려 득보다 실이 많을 것이다. 결국 LG는 스마트폰 사업을 접을지도 모른다는데, 어쩌면 나중에 다른 기업이 갤럭시와 애플을 능가하는 스마트폰을 만드는 데 성공해 다시 시장 점유율을 높일지도 모른다. 시장은 결코 박제되지 않는다.

시장의 균형 회복 능력

불황에 대한 슘페터의 분석도 무척 아름답다. 일단 한 시장에 혁신이 이루어지고 (특허권 만료 등의) 일정 시간이 지나면 많은 다른 기업들이 몰려들 것이다. 그러면 지나친 경쟁이 벌어지고 가격이 떨어져 이윤도 적어진다. 불황이 찾아오는 것이다.

한번 불황이 닥치면 내실이 없는 기업들은 저절로 정리될 것이다. 결국 불황은 시장에 방만하게 쌓인 자원 낭비가 스스로 해소되는 과정이다.

2000년대 초, 전국에 찜닭 전문점이 범람한 적이 있다. 거짓말을 좀 보태면 대학가에 거의 한 집 건너 한 집마다 찜닭집이 보일 정도였다. 이는 그 직전 한 찜닭 프랜차이즈가 대성공을 거두었기 때문이었다. 이전에 맛보지 못했던 새로운 맛에 많은 사람들이 열광했다. 번화가에서는 해당 프랜차이즈 식당에 줄을 서 30분 이상 기다려야 했다. 당시 주변 상가의 치킨 매상이 줄어들 정도였으니 말 다 했다. 이런 경우가 창조적 파괴에 해당할 수 있다.

그런데 비슷한 찜닭 전문점들이 우후죽순 생겨나기 시작했다. 너무 많은 비슷한 식당들이 생기면서 손님들이 분산되었다. 게다가 처음 등장 때처럼 열광적인 분위기도 조금 수그러들었다. 이 경우가 바로 해당 산업에서의 불황이다. 결국 하나 둘 문을 닫더니 요새는 거의 한 지역당 한 곳 정도로 찜닭 전문점의 수가 줄었다. 아마 상당수 업주들이 손해를 봤을 것이다. 그들에게는 안타까운 일이지만, 이것이 시장의 힘이다. 자원의 낭비도 최소화됐다고 봐야 한다. 한 지역에 찜닭 전문점이 5~6개 있는 것보다는 1~2개 정도만 있고 또 다른 종류의 식당이 있는 게 소비자 입장에서도 더 낫기 때문이다.

커즈너 "불균형이 정상이다"

슘페터 이후 기업가 정신은 한동안 잊혔다가 1970년대에 들어 다시 되살아났다. 1973년에 『경쟁과 기업가 정신』을 쓴 **이즈리얼 커즈너**(Israel Kirzner, 1930~)에 의해서였다. 커즈너가 기업가 정신을 경제학에 도입한 계기도 슘페터와 비슷하다. 시장 균형 분석 이론이 너무 이상적이고, 기업가들의 기여를 고려하지 못하고 있다는 문제 인식이다.

그러나 슘페터와 커즈너에겐 분명한 차이가 있다. 바로 균형에 대한 인식의 차이이다. 슘페터는 시장에 균형이 '실재'한다고 보았다. 그리고 기업가가 창조적 파괴를 통해 기존의 균형을 해소하고 새로운 시장을 가져온다는 것이다.

그러나 커즈너는 시장에 균형 따위는 있을 수 없다고 보았다. 균형은 사실 아주 이상적 상황이다. 유토피아와 같다는 말이다. 현실에는 없다. 커즈너(를 비롯한 오스트리아학파, 진화경제학자)는 시장에 항시적으로 불균형이 있을 수밖에 없다고 생각한다.

만일 시장이 균형 상태라면 한 가지 상품은 모든 지역의 모든 시장에서 똑같은 가격일 것이다. 만약 어떤 특정 지역 제품의 가격이 다른 곳보다 더 낮다면 (이동비용을 무시하고) 모든 소비자들은 다 그곳으로 몰릴 것이다. 그것이 더 합리적이기 때문이다. 결국 수요량이 줄어든 다른 지역의 가격도 낮아질 것이다.

그러나 우린 알고 있다. 수많은 사람들이 더 싼 물건을 찾아 시장과 마트를 돌아다니고 인터넷 서핑을 멈추지 않는다는 것을 말이다. 그럼에도 우리 모두가 항상 제일 합리적인 가격에 상품을 구매하는 것은 아니다. 보통의 사람이라면 도저히 알 수 없는 구매 방식이 또 존재하고 또 존재하는 식이다. 그렇게 발품을 파느니 적당한 가격에 합의하는 게 차라리 나을지도 모른다. 이는 인간 지식의 태생적 한계이다. 결국 완벽한 완전경쟁시장이란 현실적으로 있을 수가 없는 것이고, 시장은 항시적으로 불균형 상태에 있다.

여기서 기업가의 기민함이 발휘된다. 기민함을 가진 기업가는 두 시장 사이의 가격 차이를 발견해 낸다. 그리고 즉시 가격 조정 행위를 시작한다. 싼 곳에서 물건을 가져다가 비싼 곳에 파는 것이다. 그들은 그런 행위에서 이윤을 얻고 보람과 성취욕을 얻는다. 이러한 기업가의 기민함은 인간 지식의 한계를 뛰어넘는 본능인지도 모른다.

커즈너 이론에서 자동차의 등장은 슘페터 이론이 말하듯 균형 상태에 있는 마차 시장을 파괴하고 새로운 창조를 불러온 그런 게 아니다. 그보다는 기존 시장은 마차 시장에 심각한 자원 집중이 이뤄지는 불균형 상태였고, 이는 오직 기업가들만이 발견할 수 있는 불균형이었다고 보는 것이다. 기업가들은 이를 해소하고 이윤을 얻기 위해 자동차라는 혁신적인 상품을 시장에 내놓은 셈이다.

사회주의는 도래할 것인가

암울한 전망

자본주의의 본질을 심도 깊게 통찰한 슘페터가 사회주의의 도래를 예언했다는 점은 얼핏 이해하기 힘들다. 살펴보면 살펴볼수록 슘페터는 고전학파에 더 잘 어울리는 이론을 갖고 있기 때문이다. 그는 사유재산 제도가 경제발전의 원동력이 된다는 점을 잘 알고 있었다. 사유재산 제도가 없다면 기업가의 혁신이 있을 수 없다. 사유재산제 덕에 빈부격차는 점점 줄어들 것이며, 자본주의는 계속 발전할 것이다. 이런 인식을 가진 슘페터와 사회주의는 도통 어울리지 않는다.

그런 슘페터가 왜 사회주의의 필연적 도래를 예언했을까? 이는 슘페터가 당대에 쌓이기 시작한 여러 병폐들을 목격했기 때문이다. 일단 민주주의 사회에서 정치가들이 발전의 동력을 저해하고 변화를 가로막는 일이 생긴다. 표를 더 얻기 위해서이다. 관료가 많아질수록 사회는 보수적이 되고 점점 혁신을 두려워하는 사회가 된다. 뿐만 아니다. 기업 내부에서도 적폐가 쌓인다. 기업이 거대화될수록 기업가 정신은 쇠퇴하고 전문경영자라 불리는, '회사의 안정적 운영'에만 도를 튼 경영팀이 기업 경영을 넘겨받게 된다. 자본주의에 반감을 가진 지식인들이 여론을 주도해 사회에 점차 반자본 정서가 퍼진다.

2015년 낸시 마이어스가 감독한 영화 〈인턴〉을 보면 위 상황을 이해할 수 있다. 주인공 줄스(앤 해서웨이)는 창업 1년 만에 직원을 220명이나 거느린 온라인 쇼핑몰의 사장이 된다. 그 바탕에는 회사에 헌신하는 그녀의 끊임없는 체력 관리, 직원 챙기기, 상품 포장까지 놓치지 않는 세세함이 있다. 그러나 점점 바빠지는 회사일로 인해 남편과 멀어지고 있다고 느낀 줄스는 자기 회사를 맡아 줄 전문경영인을 찾기에 이르렀다.

그녀는 전문경영인 체제로의 변화를 거의 막판까지 밀어붙이지만 결국 이를 철회한다. '자신만큼 이 회사를 잘 아는 사람이 없다'는 마음 때문이었다. 줄스의 기업가 정신을 백 퍼센트 이어갈 전문경영인은 아마 이 세상에 단 한 명도 없을 것이다.

인상 깊은 점은 슘페터가 예상한 병폐들이 21세기 현대사회에서 오히려 더 잘 드러나고 있다는 점이다. 특히 우리나라를 예로 들면 최근만큼 신규 사업이나 신기술 정착이 어려운 적이 있었나 하는 생각이 든다. 새로운 사업에 진출 좀 해보겠다고 하면 온갖 규제가 발목을 잡는다. 24시간 영업을 하고 싶어도 안 된다 하고, 1년 내내 휴일 없이 영업을 하려 해도 주변 상권 보호라는 명분 때문에 안 된다는 소리를 들어야 한다. 연구진들의 집중적인 연구가 필요한 시점에 1주일에 52시간 이상 일하면 안 된다고 못을 박아 버렸다.

기업의 신기술 개발에도 반감이 가득하다. 기존 시장이 포화상태에 이르러 새로운 시장에 진출하려 해도 '문어발식 확장'이라는 비난을 받아야 한다. 이들 논리대로라면 CGV와 CJ엔터테인먼트 등으로 대한민국 영화산업에 뿌리를 박는 데 성공한 CJ는 여전히 설탕만 만들고 있어야 할 것이다. 현재의 규제대로라면 이마트는 월마트를 넘보지 못했을 것이고, 쿠팡이 미국 증권시장을 노크하는 것도 불가능했을 것이다. 해외 투자자들이 각종 규제에 질려 다시 떠나는 일도 있다고 한다.

기업가 정신의 퇴색

기업가들의 기업가 정신이 점차 사라지는 것도 문제다. 거대기업의 통수권을 점차 전문경영인이라는 사람들이 쥐고 있다. 전문경영인 제도의 가장 큰 문제는 이들이 성과에 대한 압박을 받는다는 점이다. 그러다 보면 재무제표상 순이익을 최대한 늘리는 방향으로 경영을 할 수밖에 없고 자연스레 신규 사업으로의 도전적 진출은 꿈도 못 꾸게 된다. 실패하면 다 자기 탓이니 감수할 동기가 없다. 주주총회의 감시를 받는 전문경영인들은 리스크를 감수하려 들지 않는다. 슘페터가 예측했던 대로 기업이 관료화된 것이다. 2008년 미국 금융위기 이후 대기업 상당수에 큰 위기가 닥쳤었다. 이런 이유로 상당수 기업들에 공적 자금이 투입됐는데 이렇게 국민의 세금으로 겨우겨우 회생한 기업의 전문경영인들이 천문학적인 성과금이나 퇴직금을 지급받아 논란이 크게 일었었다.

반자본, 반기업 정서가 점점 횡행하는 것도 사실이다. 인간 심리 근본에 내재한 증오심과 질투는 부자들이 부자로 살아가는 것을 그리 너그러운 마음으로 바라보지 못한다. 막상 자기 자신은 부자가 되고 싶어 하면서도 다른 부자들은 끝없이 미워하는 정서가 내재한 것이다. 이런 상태에서는 자연스레 반자본, 반기업 정서가 강할 수밖에 없다.

슘페터가 살아가던 20세기 초반보다도 오히려 21세기 초반인 지금이 더 슘페터가 예상했던 암울함이 들어맞는 시대이다. 슘페터의 예언은 극단적이다. 슘페터는 사회주의 체제가 꽤 효율적으로 움직일 것이라고 생각했다. 결국 사회주의 하에서 체제는 '모든 사람들의 진정한 욕구'를 충족하는 방향으로 나아갈 것이라는 얘기다. 사유재산 제도가 사라져도 이런 게 가능해진다는 말인데, 과연 이게 가능한 일일까? 슘페터는 가능하다고 보았다.

앞서 말했던 『엔트로피』의 저자 제레미 리프킨을 짚고 넘어가자. 그는 꽤 일관성 있는 좌파 경제학자이다. 그가 주장하는 바가 어찌 보면 슘페터의 예언과 들어맞는다.

리프킨의 협력적 공유사회

소유와 노동이 사라진 세상

제레미 리프킨(Jeremy Rifkin, 1945~)은 꽤 다작을 하는 학자이다. 그중 한국에 번역이 된 것만도 『엔트로피』를 비롯해 『노동의 종말』 『소유의 종말』 『육식의 종말』 『한계비용 제로 사회』 『3차 산업혁명』 『공감의 시대』 『유러피언 드림』 『수소혁명』 『바이오테크 시대』 등으로 꽤 많다. 상당수가 경제 분야 베스트셀러 목록에 이름을 올렸다. 그만큼 한국에서의 인지도도 꽤 높은 편이다.

리프킨의 주된 작업은 자본주의의 한계를 극복하고 새로운 '협력적 공유사회'를 만들어 가자는 주장을 하는 데 있다.

그에 따르면 자본주의 하에서 당연하게 여겨지던 과거의 산물들은 사회가 고도화될수록 점차 사라져 간다. 단순노동은 자동화기계의 발전 등으로 점차 거의 사라져 갈 것이다. 전자동으로 물건들이 생산되기 때문에 우리 인간들이 힘들게 노동을 할 일이 없다. 그냥 최종 생산물만 즐겁게 향유하면 되는 것이다. 보통 사람들은 상상도 못할 방향으로 기술이 발전하는 최근이나 근미래의 경향을 생각해 보면 결코 어불성설도 아니다.

이게 가능하려면 일단 자원이 무제한으로 공급되어야 한다. 물리학적으로 영구운동은 존재할 수 없기 때문에 안정적인 에너지 공급원도 있어야 한다.

던칸 존스 감독의 2008년도 영화 〈더 문〉이 이런 세계에서의 삶에 대해 묘사하고 있다. 달에서 캐 오는 거의 무제한의 자원으로 인류는 궁극의 풍요를 경험하는 상태에 있다. 자원을 캐는 일 빼고는 다른 모든 일이 다 자동화가 되어서 인류는 노동이라는 고역을 수행할 필요가 전혀 없다. 그냥 삶을 즐기면 된다. 자원을 캐는 일을 주인공이 하는데 이는 무척 명예로운 일로 묘사된다(영화인 만큼 주인공에게 닥치는 마지막 반전이 안타깝긴 하다). 하지만 이 노동마저 다른 기계로 대체할 기술력을 인류가 갖게 된다면 이 영화 배경인 지구야말로 리프킨이 꿈꾸는 미래사회일 것이다.

모든 노동을 기계가 대신 하는 것은 불가능할지도 모른다. 아무리 그래도 인간의 영역이라는 게 있다. 리프킨이 꿈꾸는 미래에 이런 노동은 명예로운 일로 대접받는 일이 될 것이다. 모두가 자기계발에 열중인 아름다운 유토피아 사회에서 허울뿐인 명예라는 걸 얻어서 뭐가 좋은 건지는 모르겠지만 말이다. 아니면 노동이 거의 힘이 안 들게 될 수도 있다. 재화를 추가로 생산하는 데 드는 한계비용이 거의 없어진다면 그렇게 될 수도 있다. 별로 힘 안 들이고 물건을 생산하는 것이 가능해질 수 있다. 이런 관점으로 최근의 3D 프린터들을 보다 보면 묘한 생각이 든다.

구약성경에 따르면 여호와(야웨)는 아담과 이브를 에덴동산에서 내쫓으면서 인류를 노동이라는 고통에 밀어넣었다고 한다. 대신 그들이 쫓겨난 현 지구를 마음껏 이용할 권리를 주었다. 지구는 온전히 인류가 주인이다. 마음껏 이용하고 활용할 자유가 있다. 단, 노동이라는 과정을 통해서 말이다. 그런데 이 노동이라는 과정조차 사라져 가는 미래사회라고 한다면 인류가 다시 에덴동산으로 돌아가는 데 성공했다고 봐도 될 정도로 아름다운 미래가 아닐 수 없다.

사유재산은 사라질 것인가

리프킨은 사유재산 제도에 대해서도 도발을 감행한다. 사유재산 제도 자체가 점점 무의미해지고 있다는 것이다. 과거 우리 아버지들의 로망이었던 '내 집 갖기'조차 발전한 사회에서는 무의미한 일이다. 집은 그냥 렌트해서 살면 되고 사실 모든 게 다 그렇다. 자동차건 전화기건 상당수 값어치 있는 재화들은 다 리스 혹은 렌트로 이용할 수 있게 바뀌고 있다. 예를 들자면 자동차를 할부가 아닌 리스로 들여놓는 게 더 싸고 나은 경우가 많다.

사유재산 제도가 점차 사라져 가는 과정의 결말은 화폐의 종말일 것이다. 미국 최고의 인기 SF 프랜차이즈 중 하나인 〈스타트렉〉의 세계에 화폐는 존재하지 않는다. 여기서는 오직 명예나 숭고한 시민의 의무나 가족의 건강 같은 것들로 인간들의 행동 동기가 제한되어 있다. 주목할 점은 나름 이런 설정에도 근거를 마련해 놨다는 점이다. 이 세계에서는 물질재생기라는 게 있어서 재화의 획득 등에 어려움이 없다. 배고프면 물질재생기로 가서 "빵"이라고 하면 빵이 나온다. 스테이크도 나온다. 살아가는 데 걱정이 있을 이유가 없다. 돈도 필요없다. 즉, 노동이 종말된 사회이고, 소유도 종말된 사회이다.

마르크스처럼 "자본주의를 혁명과 폭력으로 뒤엎어야 한다"고 말하는 것은 설득력을 완전히 잃었다. 이런 세상은 너무나 공포스럽고 무서울 따름이다. 이 세상의 인민들은 장기판 위의 일개 병졸에 불과한 존재일 뿐이다. 그보다는 오히려 리프킨처럼 자본주의 발달의 결과물로 사유재산에 대한 욕망이 사라지고 노동조차 사라져 간다는 전망이 차라리 더 인간적이고 희망적이다. 어찌 보면 『소유냐 존재냐』에서 에리히 프롬(1900~1980)이 설파한 내용과 거의 흡사하기도 하다.

노력만이 희망이다

자본주의가 극도로 발달하면 정말로 사람들이 그렇게 소유에 연연하지 않게 될지도 모른다. 예를 들어 1인당 국민소득이 우리나라는 현재 3만 달러 전후인데, 만약 어느 순간 1인당 300만 달러 정도를 1년에 벌게 됐다고 생각해 보자. 모든 사람들의 월급 끝자리에 0을 두 번 더 붙였다고 해서 다 사람들이 100배 더 잘살게 됐다는 말을 하자는 건 아니다. 소득이란 버는 돈의 양이 아니라 구매할 수 있는 재화와 용역의 양으로 측정되어야 한다. 정말로 월급 끝자리에 0이 두 개 더 붙었다고 해도 물가가 꼭 그만큼 올라서 결론적으로 소득 증가 효과가 전혀 없으면 아무 소용없는 얘기다.

내가 말하고자 하는 건 '전반적으로 사람들의 삶의 질이 좋아진 상태'를 비유하기 위해서이다. 생각해 보면, 우리나라가 과거 1인당 5천 달러를 벌 때보다 3만 달러 버는 현재가 더 삶의 질이 좋다는 것도 분명하지 않은가.

아무튼 이 정도의 소득 수준 상태에서 과연 사람들이 현재만큼 경쟁을 하고 과로로 시달리고 그럴까? 아니라고 본다. 마음은 넉넉해지고 타인에 대한 너그러움도 늘어날 것이다. 약간의 손해 정도는 얼마든지 감수할 지경이 될 것이다. 모든 사람이 웬만한 모든 재화를 아무 무리 없이 다 구매할 수 있기에 시장도 꽤 안정될 것이다.

물론 이런 사회에서도 아무 이유 없이 부를 쌓는 데에만 집중하는 사람이 있을 수 있다. 그러나 이는 그 사람의 만족일 뿐이다. 모두가 풍족하게 사는 사회에서는 부를 엄청나게 많이 쌓은 사람에 대한 부러움이나 질시가 적을 것이다. 그냥 "저 사람은 저렇게 사려나 보지"라고 웃어넘기고 자기는 그냥 하고 싶은 스포츠나 예술활동에 매진하며 살 것이다.

이러다가 어느 날 문득, '우리 사회에 이렇게 돈이 많은데 사유재산이 무슨 소용이 있지? 그냥 다 없애 버리고 살자'라는 생각이 들 수도 있다. 그렇게 사람들이 합의해서는 갑자기 화폐를 없애 버릴지도 모른다.

이런 이상적 사회가 오지 않을 수도 있다. 1인당 300만 달러를 번다고 해도 그만큼 인플레이션은 엄청날 것이며 사람들은 과소비와 향락에 흥청망청 빠져서 살 수 있다. 오히려 외모나 능력 등에 대한 질시가 심해질 수도 있다. 돈에 대한 집착이 심해져서 더 맹렬히 노동하면서 재산 증식에 열중할 수도 있다. 너무 돈이 많다 보니 교육에 대한 집착이 사라져서 국민들 전체의 지식 수준이 현저히 떨어져 갈 수도 있다. 아무리 기술이 발전해도 농사를 짓거나 벽에 타일을 바르거나 하는 고되고 힘든 일은 얼마든지 있고, 또한 첨단 지식을 가져야만 해결될 일들이 있기 때문에 사람들은 자신들이 제공하는 용역에 어떤 방식으로든 대가를 받으려 할 것이다.

두 상황 중 하나가 경제가 발전한다면 우리 앞에 놓일 미래이다. 둘 중 어느 미래가 올 것인지 예단하지는 말자. 하지만 1인당 국민소득이 높은 나라일수록 법과 제도의 정비가 잘되어 있을 것임은 분명하다. 사유재산에 대해 명백하고도 안전한 보장을 해 주는 것은 결국 법과 제도이다. 돈을 많이 버는 사회가 이런 기본을 놓치고 넘어갈 순 없다. 안 그러면 사회가 해체되기 때문이다. 우리나라도 과거에 비해 소매치기 같은 범죄가 많이 줄었다. 그만큼 1인당 국민소득이 늘었기 때문일 것이다.

결국 중요한 것은 경제발전을 위한 지속적 노력이다. 미래가 어찌 될지 알 수는 없는 일이라고 해도 결국 그 전까지는 사유재산 제도에 대해, 개인의 자유에 대해 잘 보장하는 것이 경제발전을 위한 최선의 길일 것이다.

신용사회와 국제금융위기

신용은 창조되는 것

이쯤 해서 '신용'에 대해 알아보자. 이 신용은 현대 금융의 가장 중요한 개념 중 하나다. 그런데 이 개념은 법과 제도가 안착된 사회에서야 제대로 그 효율성을 발휘할 수 있다. 그렇기에 자본주의가 얼마나 잘 발달했는지의 척도로 신용 제도가 얼마나 잘 활용되고 있는지 보는 것도 유용하다.

신용과 관련해서 보통 경제학도들이 가장 먼저 배우는 개념은 '지급준비율'이다. 간단히 설명해 보자. 기업이 한 은행에 1천억 원을 예금했다고 해 보자. 은행은 이 돈을 그냥 금고에 묻어 두고만 있을 수는 없다. 기업에게 이자도 줘야 하고 직원들 월급도 줘야 하는 등 비용이 발생하기 때문이다. 그래서 "한꺼번에 1천억 원을 다 찾을 리는 없으니 200억 원 정도 남겨 두고 나머지는 대출해 주자"라는 계산을 하고 800억을 시중에 대출해 주게 된다. 그럼 800억을 대출받은 기업은 또 그걸 무작정 펑펑 쓰는 건 아니고 일정 정도는 은행에 놔두고 합리적인 소비나 투자 계획을 세운다. 그러면 이 돈을 수탁한 은행도 같은 일을 반복할 것이다.

이런 과정이 반복되다 보면 시중에 풀리는 돈이 실제 1천억 원보다 더 많아지는 결과가 생긴다. 이를 '신용 창조'라고 한다. 여기서 은행이 금고에 준비해 두는 돈 200억 원이 지급준비금이고, 이때 지급준비율은 20퍼센트가 된다. 이 비율의 증감에 따라 시중의 통화량이 달라질 것이다. 지급준비율을 10퍼센트로 정해 두면 시중에 통화가 더 많이 돌 것이고, 30퍼센트로 올리면 시중에 통화 유통이 줄어들 것이다.

왜 이를 '신용 창조'라고 부르는가? 시중에 도는 통화량이 서로간의 신뢰의 차이에 따라 결정되기 때문이다. 간단히 말해, 대출 제도가 없다면 아예 신용 창조액은 0이 될 것이다. 객관적으로 측정 가능한 믿음이 있기 때문에 은행이 얼굴도 전혀 모르던 사람에게 돈을 빌려줄 수 있는 것이다. 이 '객관적으로 측정 가능한 믿음'이 바로 신용이다. 이 신용을 얼마나 잘 활용하느냐가 자본주의의 발전 정도를 대변해 준다.

돈 빌리려고 은행을 찾은 많은 사람들이 "내 거래 내역만 보고 신용이 별로라는데, 그럼 부자들만 돈 많이 빌리는 거잖아. 거 참 불합리하군"이라고 불만을 토로하지만 사실 이는 어쩔 수 없는 부분이다. 생면

부지의 사람이 "사실 나는 신용이 좋은 사람이오. 내 친구들에게 전화해 봐도 됩니다"라고 말한다고 해서 선뜻 거액을 빌려줄 순 없는 것이다. 거액을 빌리려면 통장 내역 같은 것을 통해 "내가 금융 거래는 깨끗하다"는 것을 증명해야 한다. 그러니 자본주의 사회에서 신용은 차근차근 성실한 거래를 통해 쌓아 갈 수밖에 없다.

돌려막기의 최후

2008년 전 세계를 경제공황으로 몰아넣은 미국발 서브프라임 모기지 사태도 신용 개념에 대한 오해 때문에 생긴 일이다.

한참 전 가난한 사람들에게 집을 마련해 줘야겠다는 생각을 한 일부 정치인들이 이런 공약을 내세워 정권을 잡았다.

"가난한 사람들이라 해도 신용이 좋다면 저금리로 주택 담보 대출을 해 주겠습니다."

금융 신용과 개인 신용을 혼동한 무지한 정책이었지만 정치인들은 늘상 그런가 보다. 많은 사람들이 열광했고 다들 은행으로 달려갔다. 그리고 다들 집을 샀다. 부동산 경기에 불이 붙었다. 이때 "미국에서는 부동산을 잘 활용하면 돈을 얼마든지 벌 수 있다"는 신화까지 생겼다. 『부자 아빠 가난한 아빠』라는 책이 꽤 유행했던 것을 기억할 것이다.

그러나 은행 입장에선 어떨까? 이전과 다르게 강제로 '금융 신용'이 낮은 사람들에게 저금리로 대출을 해 줘야 하는 상황이 되었다. 할 수 없이 대출을 해 주면서 그들은 다른 보험사나 은행들에 '보험'을 들기 시작했다.

"이 채권의 채무자가 파산해서 돈을 못 갚더라도 거기서 지급보증을 해 주렴."

이렇게 해서 시장에 새로운 은행 대상 보험 상품이 생겼다. 그러나 애초 불안정한 신용을 믿고 만들어진 대출이기에 보험사들도 불안하기는 마찬가지였다. 그래서 그들은 그 보험 상품을 또 '보험' 들었다.

"이 보험이 만약 효력이 생겨서 우리가 손해 보게 되면 그만큼을 보전해 줘."

이렇게 해서 시장에 새로운 보험사 대상 보험 상품이 생겼다. 이런 일이 반복되는 것이다. 장하준 교수가 신자유주의의 폐해라고 비난하면서 이런 '신용 돌려막기' 현상을 다룬 책이 우리나라에서 크게 유행한 적이 있다. 그러나 이는 신자유주의의 폐해가 아니라 애초 이상한 정책을 남발한 정치인들 때문이다.

모두 사상누각이다. 애초에 지급능력이 부족한 사람들에게 저금리로 돈을 빌려줘서 생긴 위험상품에 대한 리스크를 줄이려다 보니 생긴 일이다. 애초 채무자가 어느 날 돈줄이 막혀서 파산을 선언한다면 어떻게 될까? 처음 채권자 은행은 보험사에게 보험금을 청구하고, 보험사는 보험사에게 보험을 청구하고, 보험사는 보험사에게 보험을 청구하는 일이 반복된다. 엄청난 복잡성 위에 만들어진 거품은 한번에 휙 하고 사라질 것이다. 이것이 2008년 벌어진 일이다.

우리나라도 비슷한 일을 겪었는데, 2000년 즈음 심지어 고등학생들에게까지 만들어 주던 신용카드가 그것이다. 돌려막기의 고통을 호소하던 내 친구들이 아직도 기억난다. 물론 나도 그랬고 말이다. 우리도 지급능력이 사실상 없는 사람에게 그렇게 함부로 신용을 만들어 주다가 혹독히 '카드 대란'이라는 대가를 치른 바 있다.

우리는 정치권이 시장에 함부로 개입하는 일이 얼마나 위험한 일인지 다시 한 번 느낄 수 있다. 당장 돈을 빌려 펑펑 쓸 수 있으니 당장 마음이 편하고 좋다 하더라도 결국은 다 빚으로 돌아온다. 시장이라는 '보이지 않는 손'은 그리 만만한 게 아니다.

문제는 자유야, 바보야

미제스, 하이에크, 프리드먼

집단주의 대 자유주의

나치나 소련의 대두 등 전체주의의 광란은 어찌 보면 역사의 퇴행일 수 있다. 르네상스 이후 인류의 지성사는 줄곧 개인의 자유를 더욱 존중하는 쪽으로 발전해 왔다. 그런데 전체주의나 공산주의는 개인보다 '전체'와 '계급'을 강조하는 사상이니 이들이야말로 진정한 '반동'일 수 있다.

하지만 이 사람들이 오히려 자본주의의 폐단이라며 온갖 것들을 지적하는 일들이 많다. 단지 과거의 악습에서 물려내려왔을 뿐인 풍토를 두고 말이다. 이들의 오해는 과거나 현재나 마찬가지다. 이런 공격 속에서 굳건히 신념을 지킨다는 것은 여간한 심지가 아니고서는 어려운 일이다. 특히 자유시장 경제체제를 옹호하는 일이 그렇다. 자칫하면 '대기업의 나팔수' '자본의 개'라는 소리를 듣기 십상이다.

그렇기에 자유주의라고 일컬어지는 경제학파의 사람들은 여전히 많은 곳에서 비난의 목소리를 한 몸에 받는다. 나는 개인적으로는 이들만큼 치열한 완전한 자유주의자가 아니며 국가의 책임도 야경국가보다는 좀 더 넓은 정도의 공동체적 역할을 수행해야 한다고 믿고 있다. 그래도 이들에 대해서는 일정 정도 변호해야겠다는 생각이다.

자유주의자들이 진짜 옹호하는 것은 대기업이나 자본이 아니다. 그들이 옹호하는 것은 자유로운 시장에서 자유롭게 자신이 원하는 것을 교환할 수 있는 권리이다. 이를 위해서 결국 중요한 것은 개인의 자기이익이 보장되는 사유재산 제도의 존재이다. 사유재산 제도가 보장받기 위해서는 나보다 재산이 많다고 해서 그 사람에게 부당한 약탈이나 폭거를 해서는 안 된다고 말해야 한다. 이 점에서 오해를 많이 받는 게 자유주의자다. 자유주의자들은 부당한 약탈과 폭거를 물리칠 수 있는 건전한 법과 제도를 구축하자고 주장할 뿐이다.

그렇기에 자유주의자들이 애타게 외치는 것은 사회적 준칙을 모두가 준수하는 가운데 모두가 각자의 영역을 존중하는 사회이다. 만약 기업이 사회적 준칙을 어긴다면 이 역시 엄정한 비판의 대상이 되어야 한다. 이는 "역시 재벌은 나쁜 사람들이야!"라고 생각하라는 뜻이 아니다. 오히려 그보다는 "재벌이라도 나쁜 짓을 하면 처벌받는 세상이 되었구나!"라고 생각하는 게 우리 사회를 더 솔직히 바라보는 건강한 자세다.

그러나 이런 마음가짐은 말이 쉽지, 실천이 그리 쉽지 않다. 부자에
대한 증오, 일면만 보는 단순함 등은 거의 모든 사람이 지닌 단점이다.
이런 세태를 다른 말로 하면 전체주의의 잔재라고 할 수 있다. 모든 일
을 개인의 문제로 돌아보고 해석하는 게 아니라 집단, 계급, 계층의 문
제로 확대해서 일반화의 오류를 범하는 것이다. 한 사람의 잘못을 "너
희들이 그렇지 뭐!" 한 기업의 잘못을 "대기업이 그렇지 뭐!"라고 하면
안 된다는 것이다.

한 개인이 완전히 성숙한 자유의 길로 접어들기 위해선 그만큼 지난
한 교육과 높은 품격의 사회풍토가 필요한 일이다. 즉, 힘들고 어려운
일이다.

미제스 "질투는 나의 힘"

자유주의자들에게 투표를 시켜서 가장 위대한 자유주의자 한 명을 꼽
으라면 **루트비히 폰 미제스**(Ludwig von Mises, 1881~1973)가 가장 많이 꼽힌
다고 한다. 그만큼 미제스가 현대 자유주의 사상에 쌓은 기여는 실로
막대하다.

그러나 실제로 미제스는 생전에 학계에서 널리 인정받은 적이 없다.
하지만 그의 직접적인 제자인 하이에크가 1974년 노벨상을 통해 인정

받은 바 있고 또 다른 계통의 자유주의 경제학자 프리드먼도 비슷한 시기인 1976년 노벨상을 받았다. 미제스가 죽은 다음 해부터이니 조금 안타까운 마음도 든다.

우선 미제스의 불평등 이론부터 보자. 미제스에게 있어 불평등은 전혀 문제가 아니다. 왜냐하면 그것은 태어날 때부터 어쩔 수 없이 모두에게 주어지는 차이이기 때문이다. 나와 당신은 키가 다르고 몸무게가 다르고 아이큐도 다르고 힘도 다르다. 물론 재력도 다르다. 그런데 우리는 흔히 재력의 불평등에 대해서만 분노하는 경향이 있다.

하지만 가만히 생각해 보면 이는 오히려 화를 내는 사람 자체가 물신주의자라는 것을 반영할 뿐이다. 인간의 우열의 기준이 돈뿐인가? 전혀 아니다. 예를 들어 나는 직업의 성질상 남들이 말하는 부유함은 누리지 못하고 살아가는 데 크게 개의치 않는다(솔직히 이렇게 생각하려고 노력하고 있다고 보는 게 맞다. 나도 속물 기질은 당연히 있으니 말이다). 왜냐하면 내겐 다른 재능들이 주어져 있기 때문이다. 다른 사람이 내게 주어진 그런 재능을 시기하고 질투한다고 해서 나는 그것들을 나눠줄 생각이 없다. 그것은 내게만 주어진 나의 특권이다.

이런 생각이기 때문에 나는 다른 사람의 부를 크게 질투하지 않는다. 물론 부러운 것은 사실이나 그뿐이다.

미제스에 따르면 이런 차이들이 우리에게 아주 중요한 경제성장의 원동력을 제공한다. 바로 분업의 가능성이다. 모든 사람이 똑같은 능력과 똑같은 처지에 있다면 분업의 가능성이 사라질 것이다. 리카도를 설명하면서 말했듯이 국가 간의 여건과 역량 차이가 바로 비교우위를 불러일으킨다. 그래서 자유무역이 생기고 각각의 나라들이 번영의 길로 들어서는 것이다.

꼭 국가들 사이끼리만 생각할 필요가 없다. 개인들 사이에도 차이가 있기에 각각의 역할이 생기고 할 일이 생긴다. 그래서 경제가 발전하고 각각의 삶이 나아진다. 불평등은 이처럼 필연적일 뿐 아니라 필수적이라는 것이 미제스의 주장이다. 즉, 우리 각각의 차이를 인정하고 거기서 시작하는 태도, 자신의 장점을 최대한 발현시키고 이를 다른 사람과 일종의 분업 같은 것으로 같이 일하다 보면 점점 부자가 될 수도 있다. 애초의 불만 요인이 점점 사라져 가는 것이다.

그래도 납득을 못 하겠다는 사람들이 있다. "유산을 상속받는 사람들도 있잖아. 그들과 나는 너무나 불공평해." 이런 사람들이 흔히 하는 생각 중 하나는 상속세를 100퍼센트쯤으로 해서 출발을 다 똑같이 하자는 주장이다. 출발선상의 평등을 말하는 것이다. 얼마 전 한 국회의원이 얼마 이상의 재산은 자손에게 물려주지도 못하게 하는 법안을 만들려 시도한 바 있다.

이 역시 폭력이다. 물려받는 사람들 얘기가 아니다. 물려주는 아버지 세대 얘기다. 인간도 생물인 이상 자식에게 더 좋은 것을 물려주고 싶은 게 인지상정이다. 그래서 돈도 벌고 노력도 하고 사는 것이다. 그런데 이조차 하지 말라는 것은 심각한 자유의 훼손이다. 내가 만든 자식에게 내가 아무것도 주지 못한다는 것은, 이를테면 자식을 낳자마자 싹 빼앗아다가 공동으로 키워서 부자간의 정을 없애 버리고 사는 올더스 헉슬리의『멋진 신세계』에나 나올 법한 끔찍한 상상이다. 적당한 상속세의 수준이야 그 사회의 정당한 토의를 통해 결정할 일이지만 100퍼센트라는 건 말도 안 된다.

사실 부모가 우리에게 물려주는 것은 재산뿐이 아니다. 능력이나 성실함, 건강한 몸 등이 다 부모의 유산이다. 이 중 하나를 완전히 박멸해 버리라는 말은 인간이기를 포기하는 것과 다름없다.

미제스가 남겨준 것이 불평등에 대한 마음가짐만은 물론 아니다. 놀라운 점은 그 생각 방식의 일관성이다. '사람은 자유로워야 한다'는 마음가짐으로 많은 규제와 억압에 대해 공격해 나간다. 심지어 그는 사회의 발전을 저해할지도 모르는 파괴적 가르침이나 의견까지도 자유주의자들은 포용해야 한다고 주장한다. 미제스는 자유주의가 대항하여 싸우고 있는 정치운동까지도 용인해야 한다고도 하는데 이는 (공정한 규범 속에서 공정한 경쟁이 보장되는 사회에서는) 자유주의가 결국은 승리할 것이라는 믿음에 기초한 것으로 보인다.

물론 이는 아주 어려운 문제이다. 당장 전체주의가 자유주의를 공격하고 있는데 전체주의를 품에 품자고? 그 전체주의가 우리의 자유를 속박하려 드는데? 나중에는 승리할 것이라고는 해도 그 나중이 얼마나 나중일지 우리는 모른다. 1년 후일 수도 있지만 100년 후일 수도 있다. 인간 본성의 악함을 생각해 보면 1만 년 후일 수도 있다. 결국 우리의 숙제는 이 공정한 법리, 공정한 경쟁이 이뤄질 수 있는 토대를 건설해 가는 것밖에 없다.

하이에크와 시장의 자생적 질서

프리드리히 하이에크(Friedrich Hayek, 1899~1992)도 그의 스승 미제스처럼 일찍부터 자유주의 사상가로서의 길을 걸어온 사람이다. 하이에크는 대공황에 대해 케인스와는 전혀 다른 생각을 갖고 있었다. 1931년 런던 정경대가 그를 교수로 초빙해 케인스의 개입주의 물결을 막아 보고자 노력하기도 했다.

처음에는 케인스의 승리처럼 보였다. 온 세계 경제학계는 케인스의 정책 처방에 따라 재정 정책을 시행했고, 그것이 효과가 있다고 확신했다. 하이에크는 학문적으로 거의 잊혀 가는 존재가 되었다.

1974년이 되어서야 하이에크가 노벨상을 받음으로써 전세가 역전되기 시작했다. 시대가 하이에크를 다시 선택한 이유는 케인스 경제학의 처방이 슬슬 한계에 부딪혔기 때문이었다. 스태그플레이션이 전 세계를 뒤덮은 것이다.

스태그플레이션은 물가와 실업률이 동시에 오르는 현상을 말한다. 그 이전에는 물가가 오르면 실업률이 떨어지고 실업률이 오르면 물가가 떨어진다고 생각했다. 물가 상승은 곧 시장에서 물건이 그만큼 잘 팔린다는 것을 의미하고, 이는 곧 경기가 활성화됐다는 것을 의미한다.

이 상태에서는 고용주들이 더 많은 물건을 만들려 한다. 수요초과 상태이기 때문이다. 그러면 노동자들도 많이 필요하게 되어서 실업률은 떨어진다. 반대의 경우도 마찬가지다. 이를 정리한 경제학 이론으로 필립스 곡선이라는 것이 있다.

　정치인들은 당연히 적당한 수준의 물가 상승과 적당한 수준의 실업률을 유지하고 싶어 한다. 세상에 이런 순진한 상태만 존재한다면 케인스적 해법이 통할 수도 있겠다. 유효수요가 부족하고 실업률이 늘어나면 정부가 나서서 유효수요를 늘려 주면 된다. 자연히 실업이 줄고 물가가 적당히 상승한다. 반대의 경우에는 정부가 세출을 줄이고 세입을 늘리면 된다. 유효수요가 줄면서 물가가 떨어지고 대신 실업률이 조금 높아질 것이다.

　그런데 스태그플레이션이 닥친 상황에서는 답이 없다. 스태그플레이션의 원인은 단순한 총수요-총공급 선상의 문제가 아니다. 바로 원가 상승(이 당시 불어닥친 세계적인 석유 파동이 원가 상승의 큰 원인이다)이나 임금 상승(이 당시 영국의 강성 노조는 아주 유명하다), 정치 계산에 따른 정책 집행 등이 원인이다. 이런 시기에 유효수요를 늘린답시고 공공지출을 늘리거나 하면 어떻게 될까? 오히려 원가 상승 요인이 심해져서 경기 침체가 심해질 것이다. 이런 경우 정부는 가만히 있는 것이 낫다.

　당국이 잘못된 정책 판단으로 무리한 총수요 부양 정책을 실시했다. 자연적인 상태보다 더 경기가 부양된 상태가 될 것이다. 자연실업률보다 나은 상태로 고용이 이뤄져 시장에 자연스러운 상태보다 더 많은 돈이 풀릴 것이다. 그러면 생산자들은 "거품이 곧 터질 것"이라고 예상하게 된다. 그 결과 자연히 공급을 줄이게 된다. 가격이 자연스레 높아진다. 장기적으로 인플레이션이 생기면서 경기가 침체되는 일이 벌어진다.

1970년대 스태그플레이션이 닥치고 세계가 다 함께 불경기로 접어들면서 사람들은 서서히 생각하기 시작했다. "우리가 무언가를 놓치고 있었던 것은 아닐까? 그간 시장의 능력을 너무 무시했던 것은 아닐까?"

하이에크와 프리드먼이 거의 같은 시기 노벨상을 받는 등 재평가를 받기 시작한 것은 이런 시대상과 무관하지 않다. 대처리즘과 레이거노믹스에 대해선 프리드먼을 논하면서 다시 자세히 설명키로 하고, 잠시 하이에크 사상의 핵심을 보는 게 좋을 것 같다. 그것은 바로 '자생적 질서'의 개념이다.

하이에크는 우리의 윤리와 도덕이 결코 이성의 산물만이 아니라고 생각했다. 즉, 루소 등이 말하는 사회계약은 상상 속의 산물이라는 것이다. 윤리와 도덕은 어느 날 원시 인류들이 한자리에 모여서 "우리 앞으로는 서로 죽이지 말고 지내자. 그래야 우리가 서로 편하겠어"라는 식으로 회의해서 만들어 낸 것이 아니다. 그렇게 만들어지지도 않는다.

우리가 만들어 온 우리의 윤리와 도덕은 결국 긴 시간 인류가 생존해오면서 쌓은 경험의 산물, 진화의 결과물이다. 즉, '도둑질을 하지 말자'라는 도덕은 끝도 없이 서로의 것을 훔치고 살아오던 초기 인류가 결국 찾아낸 사유재산의 의미, 즉 "내 것을 안 훔치면 네 것도 안 훔치겠다. 차라리 그게 속 편하겠다"는 경험의 산물이다. 그리고 이 도덕에 따라 살다 보니 인류는 자연스레 번영의 길로 들어설 수 있었다.

하이에크의 말대로 '본능과 이성 사이'에 존재하는 자생적 질서가 도덕만은 아니다. 시장경제 체제나 언어나 각종 관습이다. 자생적 질서로 생겨난 산물들이다. 어느 누가 어느 날 갑자기 딱 하고 정해 준 것이 아니다. 고단한 시행착오를 거쳐 진화의 결과물로 만들어져 온 것이 오늘날 우리가 누리고 있는 사회질서 체제이다.

하이에크에게 윤리와 도덕은 두 가지 층으로 구별된다. 우리가 아는 대부분의 도덕은 소규모 공동체 시절부터 다 함께 만들어 온 규범이다. 서로가 서로의 얼굴을 아는 세상이라는 말이다. 이런 곳에서 살아가려면 당연히 공동체적 습성이 몸에 배어 있어야 한다. 그런 소규모적 공동체라면 심지어 공산주의의 이상처럼 '능력에 따라 일하고 필요에 따라 분배받는' 게 가능할 수도 있다. 가족 같은 형태이다.

하지만 현대로 이를수록 우리는 그런 소규모 공동체보다는 '익명성의 사회'에서 살아가야 한다. 이런 사회에서 살아가려면 우리에게 필요한 도덕규범의 내용이 전혀 달라진다. 누구인지도 모르는 사람에게 무조건 퍼 주고 아무 대가도 기대하지 않기란 불가능한 것이다. 이런 곳에서는 '익명성의 도덕'이 필요한 것이며 그것은 곧 법과 제도를 잘 준수하면서 자기이익을 최대한 지켜 가는 것이 된다. 잘 발전된 익명성의 자본주의 사회에서 자기이익을 추구한다는 것은 곧 교환행위를 통해 남에게도 좋은 것을 제공해야 한다는 뜻으로, 교환행위는 곧 남을 해치지 않는 올바른 도덕행위가 된다.

이렇듯 거대사회에서의 도덕은 우리가 익히 알던 소규모 공동체에서의 도덕과 그 질이 전혀 다르다. 사실 거대사회에서의 도덕은 타인을 배려하는 것이 아니기에 꽤 매몰차 보이고 매정해 보일 수 있다. 그래서 이를 추구하는 행태는 오해받기 쉽다.

이런 것에 대해선 미처 생각해 보지도 않은 누군가가 "이렇게 하면 좀 더 좋은 세상이 올 거야"라고 착각하면서 세상에 이런저런 필요 없는 정책을 강요하는 일은 '치명적 자만'이 되고 만다. 세상을 디자인하려 했던 스탈린이나 폴 포트, 김일성의 경우처럼 수천만, 수억의 사람들이 그 디자인 과정에서 헛되이 목숨을 잃는다. "저 새(제비)는 나쁜 새다" 한마디로 생태계 교란을 불러일으켜 1,400만 명을 굶어 죽게 한 마오쩌둥도 마찬가지다.

대처리즘과 레이거노믹스의 설계자 프리드먼

1943년 옥스퍼드에 입학한 마거릿 대처(1925~2013)는 어릴 때부터 "남에게 기대지 말고 자기 힘으로 하라"는 것, "늘 반듯하게 모범적으로 행동하라"는 가르침을 온몸에 새기고 살았다. 그러니 자기의 책임을 강조하는 보수적 성향이 몸에 밸 수밖에 없었다. 당시 옥스퍼드에는 상류층 자제들이 많았는데 말끝마다 민중과 혁명을 이야기하는 게 유행이었다. 마거릿에게 그런 모습은 모순적이고 가식적으로 느껴졌을 것이다.

대처는 1979년 "파업으로부터 국가경제를 구하겠다"고 호언장담하며 정권을 거머쥐었다. 당시 영국의 경제는 비참함 그 자체였다. 나날이 늘어나는 재정 적자와 끊이지 않는 노사 분규로 영국의 경제는 병들고 무너져 가는 형편이었다. 영국병이라는 말이 유행어처럼 떠돌고 있을 정도였다. 결국 대처는 과감한 시장주의 경제를 도입하여 영국을 영국병으로부터 구하고자 하였다. 장기간 이어진 석탄 노동자 파업을 진압하고 주요 국영 기업을 민영화였으며 사회복지 혜택을 감축하였다. 대처 총리의 가장 큰 업적은 영국병의 근원이었던 노사 분규를 강력한 지도력으로 평정한 데 있다.

대처의 정책들은 노조의 강한 반발을 불러일으켰으나 그녀는 끝내 이겨 냈고 결국 '요람에서 무덤까지' 만연해 있던 영국병을 치유하는 데 크게 기여했다.

대처의 평생 친구이자 동지인 로널드 레이건(1911~2004)도 뚝심은 비슷하다. 1980년 미국의 40대 대통령에 선출된 그는 경제 회복을 위한 일명 레이거노믹스(Reaganomics)를 강하게 추진했다. 세출의 삭감, 소득세의 대폭 감세, 기업에 대한 정부 규제의 완화 등이 그 내용이다. 이를 바탕으로 레이건은 경기 부양, 인플레이션 방지, 고용 창출, 국방력 증강 법안을 법제화했다. 당시 냉전이 점점 심해지고 있을 때라 미국의 군비는 크게 늘어나 있었다. 하지만 레이건은 고집을 꺾지 않고 소신을 밀어붙였다. 당시 미국은 경기 후퇴나 경기 침체가 없는 사상 최장의 평화와 호황을 기록했다.

대처와 레이건 정책의 사상적 기초를 제공했다고 흔히 언급되는 경제학자가 하이에크와 **밀턴 프리드먼**(Milton Friedman, 1912~2006)이다. 특히 프리드먼의 가장 큰 업적은 화폐이론이라고 얘기된다. 프리드먼은 "화폐가 고용과 성장에 강력한 영향을 미친다"는 것을 전제하고 논의를 시작한다. 화폐수량설이다. 화폐의 유통 속도가 일정하다는 가정에 기초한 논의이다. 반면 케인스에게 화폐수량설은 전혀 고려의 대상이 아니었다.

예상 외의 소득이 생기면 합리적인 소비자는 어떻게 행동할까? 케인스는 보통의 경우 이런 소득은 거래적 동기로 소비되지 않고 투기적 동기로 묶인다고 보았다. 혹시 모르니 쓰지 않고 갖고 있다는 것이다. 통화량을 증가시킨다고 해도 실제 유통되는 통화로 연결되지 않는다는 말이다.

프리드먼은 케인스를 정면으로 반박했다. 프리드먼은 흔히 통화주의자로 분류된다. 통화주의자와 통화이론은 아주 다른 이론이다. 통화주의자들은 고전적 통화이론을 옹호하는 것이 아니다. 통화이론은 경기에 따라 통화량을 늘렸다 줄였다 하는 것을 중시하지만 통화주의자들은 이런 정책은 단기적으론 효과가 있을지 모르지만 장기적으로는 물가만 올려놓을 뿐이라고 지적한다.

프리드먼에게 있어 인간의 소득 지출은 케인스에서처럼 크게 변하는 것이 아니다. 왜냐하면 인간은 '순간'만 살아가는 존재가 아니라 '항상' 살아가는 존재이기 때문이다. 매달 25일에 월급이 무조건 들어올 것이라는 확신이 있기에 인간은 셋방에 살면서 보험이나 적금도 부으면서 살아간다. 간혹 신용카드 12개월 할부로 컴퓨터 같은 것을 사기도 한다. 인간은 장기적인 소득에 준해서 소비를 결정한다. 프리드먼에게 있어 소비 또는 소비 행태는 정부의 정책과 아무 상관없이 안정적이다. 그렇기 때문에 프리드먼은 "인플레이션은 언제 어디서나 화폐적 현상일 뿐"이라는 유명한 인식을 하고 있다. 물가의 변화는 실질구매력에 아무 영향도 못 미친다는 인식이다. 인간은 물가 변화에 따라 소비 행태를 바꾸는 게 아니라 자신의 예정 소득에 따라 소비 행태를 바꾼다.

그에 따라 통화량 조절은 장기적으로 아무 효과도 보이지 못한다. 결국 정부는 일정한 준칙에 따라 통화량 공급을 일정하게 유지하는 것이 가장 중요하다. 즉, 경기가 안정적이건 불안하건 간에 3~4퍼센트 정도로 통화 공급량 증가를 유지해야 한다는 것이다.

신자유주의와 IMF 사태

국가의 역할은 최소한으로

미제스와 하이에크, 프리드먼의 사상은 결국 국가의 개입을 최소로 해야 한다는 고전경제학과 그 궤를 같이하게 된다. 간혹 하이에크와 프리드먼에 대해 '신자유주의' 사상가들이라고 하면서 경멸하는 경향이 있는데, 이런 명명도 참 기괴하다. 특히 우리나라 같은 경우 신자유주의라고 하면 일단 거부감부터 갖는데, 왜 그런지에 대한 정확한 인식도 없는 데다 여기저기서 무슨 일만 터졌다 하면 신자유주의의 폐해라고 떠들어 댄 측면이 있다.

인터넷에서 '신자유주의의 폐해'를 검색해 보았다. '민간화물운송업체의 배송 지연'에 대해 성토하는 글이 보였다. (그들 논리에서) 무한경쟁을 강요한다는 신자유주의 사회에서 배송을 의도적으로 지연하는 업체가 신자유주의 때문이라니 앞뒤가 안 맞다. 대형마트에서 팔았던 5천 원짜리 치킨에 대한 글도 보였다. 이분들은 여름 바닷가에서 3천 원에 파는 얼음생수에도 같은 말을 할 것 같다. 싸게 파는 치킨도 신자유주의 때문이고 비싸게 파는 생수도 신자유주의 때문이다. 기준이 제각각이다. 이 외에도 온갖 엉뚱한 곳에 '신자유주의의 폐해'라는 판정이 따라붙으니 그야말로 만능 용어가 아닐 수 없다.

그러나 지금까지 따라온 독자들은 잘 알 것이다. 신자유주의란 것은 새로운 사상이 아니다. 단지 케인스 경제학 이후 고사할 뻔했던 자유주의가 다시 부활했다 해서 '신'이라는 글자를 붙여 준 것뿐이다. 실제 사상이나 정책적 내용은 거의 흡사하다. 아니, 그냥 같다고 봐도 된다.

혹자는 신자유주의는 그나마 복지에 대한 고려가 있는 자유주의지만 고전적 자유주의는 복지나 국민에 대한 배려 따위는 전혀 없이 야경국가만 고집한다고 설명하기도 하지만, 이는 우리가 앞서 살펴본바 전혀 근거 없는 얘기다. 초창기의 경제학자들이라고 해서 피도 눈물도 없는 냉혈한들이 아니었다. 그러므로 '신자유주의의 폐해'라는 말은 어불성설이며, 이러한 용어를 쓰는 사람은 색안경을 쓰고 봐도 된다고 믿는다.

여기서 잠시 자유주의자들이 생각하는 복지의 방향에 대해 얘기를 해 보자. 자유주의자가 생각하는 복지란 '복지를 없애는 복지'이다. 즉, 복지 혜택을 받는 사람이 이를 기반으로 자립성을 길러서 결국 복지 혜택을 받지 않아도 스스로 살아갈 수 있도록 돕는 것이 진정한 복지의 목표라는 인식이다. 그러하기에 자유주의자들은 보편적 복지보다는 선별적 복지를 추구한다. 복지 혜택을 받을 필요가 없는 사람에게까지 혜택을 주는 보편적 복지 정책은 개인의 국가에 대한 의존도를 높일뿐더러 국가 재정에도 심각한 낭비이기 때문이다. 그래서 자유주의자들은 복지가 "국가의 영역은 최소한으로 하되, 도저히 어쩔 수 없는 경우에 국가는 도덕적 책임을 이행해야 한다"는 다짐 하에 이뤄져야 한다고 생각한다.

IMF 사태의 진짜 원인

하지만 신자유주의는 신마르크스주의자들에게는 여전히 공격의 대상일 뿐이었다. 반복적으로 찾아오는 어쩔 수 없는 불황의 시기마다 그들은 입을 모아 이렇게 얘기한다.

"그것 봐. 불황이 반복적으로 닥쳐오다가 결국 파국으로 이어지는 것이 자본주의의 본질적 속성이야."

1997년 온 나라를 좌절과 절망으로 몰아넣었던 IMF사태 때도 그들은 이런 말을 했다. 국경을 넘어 국제 금융자본이 득세하기 시작했다는 것, 이로 인해 취약한 경제 기반을 갖고 있던 우리나라가 그 공격에 허무하게 당했다는 것이다. 그들은 우리나라가 금융위기를 겪은 이후, IMF가 신자유주의적 시장 개방을 조건으로 구제금융을 제공했다고 주장한다. 그러나 이러한 설명은 드러난 상황과 그들의 이론을 억지로 꿰어 맞춘 것에 불과하다.

IMF의 가장 근본적인 원인은 당시의 저환율 정책이다. 여기에 부차적 원인으로 '4고(고임금, 고금리, 고지가, 고물가) 3저(저기술, 저능률, 저부가가치)'가 결합되었고 당시 김영삼 정부의 안이한 대처도 한몫 했을 것이다.

일단 저환율 정책은 무엇일까? 1996년 이전 우리나라의 환율은 1달러당 700원선이었다. 그런데 이게 시장에서 정당한 평가 과정을 거쳐 측정된 환율이 아니라는 것에 문제가 있다. 당시 세계는 줄줄이 고정 환율제를 포기하고 변동환율제로 바꾸고 있는 상황이었는데 우리나라는 미처 그러지 못하고 있었다.

당시 시장 상황에 맞는 적당한 환율은 1천 원선이라는 것이 학계의 중론이다. 1달러가 700원이 아니라 1천 원이 맞다는 얘기다. 이는 IMF가 지난 이후 2021년 현재까지 꽤 긴 시간 동안 1달러당 원화 가격이 1천 원 전후에서 큰 변화를 보이지 않는 것을 봐도 알 수 있다. 우리는 이런 이유로 현재의 환율이 시장 현실에 맞는 환율이라고 생각할 수 있다.

고정환율제 때 우리나라 사람들의 1인당 GDP(국내총생산)가 원화 기준으로 예를 들어 1년에 1,400만 원이라고 하자. 1년에 한 사람당 평균 1,400만원을 벌어들인다는 얘기다. 그러면 달러 기준 우리나라 사람들의 1인당 GDP는 얼마로 측정될까? 무려 2만 달러에 달한다(2만×700=1,400만). 고정으로 환율을 묶어 놓으니 막상 벌이는 변변치 않은데 2만 달러 선진국에 진입한 것 같다. 정치적으로 자랑하기도 쉽다. 김영삼 정부가 700원대 환율을 쉽게 포기하지 못한 데에는 "이 정부 들어 우리나라가 드디어 1인당 국민소득 2만 달러 시대가 됐다"고 자랑하고 픈 배경도 있을 것이다. 당시 실제로 신문이나 방송 곳곳에서 이렇게 떠들어 댔다.

"우리나라도 드디어 1인당 국민소득 2만 달러 시대에 진입했습니다. 선진국 대열에 들어선 것입니다. 어쩌고저쩌고."

그런데 실제로는 어떨까? 국제시장에서 평가하는 우리나라 원화의 가치는 그리 높지가 않았다. 정상적으로는 1달러를 사려면 1천 원을 줘야 했다. 그런데 정부가 700원으로 묶어 놨으니 부작용이 안 생길 수가 없었다. 예를 들어 미국에서 10달러에 파는 바지가 하나 있다고 하자. 시장가치로 우리나라 돈 1만 원이다. 그런데 이게 우리나라에 와서는 7천 원 정도밖에 안 한다. 환율을 그렇게 묶어 놓았으니 말이다. 반면 비슷한 품질의 국산 바지는 1만 원이 될 것이다. 보통 사람들의 심리는 어떻게 될까?

"이야, 우리나라 보통 바지는 1만 원인데 미국제는 오히려 7천 원밖에 안 하네? 미국에 가서 바지 사 와야겠다. 여행도 가고 그게 더 좋네."

한 개인의 문제처럼 예를 들었지만, 실제로 상황은 개인이나 기업, 국가 전체에 다 적용된다. 많은 개인이나 기업이 해외로 달려갔고 수입을 늘렸다. 수출 경쟁력은 점점 떨어져 갔다. 1996년 우리나라의 경상수지 적자가 당시 사상 최대였던 점은 당연한 일이다.

"과소비, 이제는 줄여야 합니다. 우리는 샴페인을 너무 빨리 터뜨렸습니다"라는 식의 공익광고도 있었다. 지금 생각하면 참 부적절한 광고다. 보통 사람들이야 당연히 더 싸고 좋은 것을 찾을 수밖에 없지 않은가? 그런데 이런 행태를 마치 부도덕한 것으로 몰아붙인 셈이다.

수입이 계속 늘고 수출이 계속 줄면 결국 외화가 바닥날 수밖에 없다. 우리나라가 가진 달러도 계속 줄어들었다. 외화도 많이 빌렸다. 쌌기 때문에. 이렇게 많이 빌린 외화를 장기 시설투자와 증권투자에 탕진했다. 돈이 묶여 버린 것이다.

엎친 데 덮친 격, 김영삼 정부의 낭비도 심했다. 민족정기를 해친다는 이유로 1조 원을 들여 중앙청을 철거하고, 2조 원을 들여 대전역과 대구역을 지하로 내리는 공사도 서슴지 않았다. 쌀시장 개방을 막아 보겠다고 나섰다가 결국 실패하고 어려움에 빠진 농민들을 돕겠다고 5년 동안 50조 원을 농촌에 뿌려 버렸다.

그러다가 결국, 외국에 그동안 밀린 빚을 갚을 때가 됐다. 그런데 우리나라가 가진 달러가 없다. 국가가 파산 위기에 몰려 버렸다. 대우나 한

보 등 여러 대기업들조차 무너졌다. 이들 대기업이 하청을 주는 중소기업들도 연달아 무너졌다. 어음에 어음으로 엮여 있던 거래 관행에서 한 기업의 부도는 다른 기업까지 잡아먹었다. 주식을 거래하는 금융사들조차 줄줄이 도산을 맞았고 나라 경제는 심각하게 휘청거렸다. 우리나라는 급히 IMF에 도움을 청했다.

"돈 좀 빌려줘."

IMF는 당시 우리나라 상황을 유심히 살펴봤다. 보아하니 원화는 지나치게 고평가되어서 비싸지, 원천기술은 턱없이 부족하지, 노사 분규는 심해서 작업 능률도 현저히 떨어지지, 정경유착은 심해서 기업들이 시장에서 물건을 팔아 성공하기보단 정부의 특혜로 부정한 돈만 벌어먹으려 하지, 공기업은 관성에 젖어 만성 적자에 시달리고 있지, 뭐 하나 믿고 돈 빌려줄 구석이 없다. IMF는 자연스레 각종 정경유착 완화, 시장 개방, 공기업 민영화 등을 요구했다.

수많은 공기업과 은행 등이 해외로 팔렸다. 대기업도 여럿 무너졌다. 묶여 있던 환율이 풀려 버리자 순간적으로 달러 가격이 1달러당 1,500원 수준까지 올랐다. 그러다가 차츰차츰 정상 수준인 1천 원대로 내려왔고 이것이 현재까지 유지되고 있다.

국민들은 금 모으기 운동 등을 하며 힘을 보탰지만 중요한 것은 사회구조 자체를 바꾸는 것이다. 바꾸는 방향은 어때야 할까? 시장에 친화적이어야 한다. 자연스러워야 한다. 그간의 규제를 풀고 경쟁과 발전의 장으로 기업과 개인들을 밀어 주는 것이어야 한다.

그런 상황에서 당선된 김대중 정부의 경제 정책에 대해서는 여러 가지 논란이 있다. 예를 들어 알짜 공기업들을 헐값에 해외로 팔아 외화를 마련했다는 비판도 있다. 하지만 이는 좀 심한 흠집 내기가 아닌가 생각한다. 당시 시장은 그리 녹록지 않았다. 그렇게라도 극복을 해야 했던 위기상황이었기 때문이다. 김대중 정부의 가장 큰 성과가 IMF의 성공적 탈출이라는 점은 부인하기 힘들다.

자유주의는 진화한다

말하다 보니 자유주의, 자본주의가 모든 것을 다 해결해 줄 거라고 주장한 셈이 됐다. 실상 그렇지 않은 경우도 많다는 점을 강조하고 지나가야겠다.

마르크스도 지적한 바 있지만, 빠르게 움직이는 경제 체제라는 하부구조에 비해 상부구조인 법률과 제도와 정신은 세상의 변화에 그리 유연하지 못하다. 변하려면 오래 걸린다. 그래서 균열이 생기고 마찰이 생긴다. 일부 자유주의자들의 바람대로 세상은 휙휙 바뀌지 않는다. 그 틈바구니에 끼여 불행을 온몸으로 겪고 세상을 저주하는 사람들은 반드시 발생한다.

자유주의 경제학은 장기적 전망을 보는 경향이 있다. 최저임금제를 실시하면 안 되는 이유는 노동자들의 해이와 실업률 증가를 불러일으키기 때문이라지만 이는 몇 년 후의 얘기다. 당장 내일 돌아올 월세를 걱정해야 하는 사람들에겐 먼 훗날 얘기일 뿐이다.

이 한계를 경제학계에만 돌리는 것은 너무 가혹한 일이다. 경제학적으로든 범죄학적으로든 재앙으로든 어차피 인류는 살아가면서 온갖 고초를 겪게 되어 있다. 어느 날 밤 갑자기 휘몰아친 태풍에 집 지붕이 날아간 가족이 있다고 하자. 이날 밤 이후 지방정부는 "만약 있을지 모를 태풍에 대비해 건축업자들은 좀 더 지붕을 튼튼하게 만들라"고 법을 강화시켰다. (실제론 이런 식으로 해결되진 않겠지만 일단은) 법이 통과되어 이후의 집들은 모두 아주 튼튼하게 지어졌다고 치자. 그러면 처음 지붕을 잃은 가족은 억울할 것이다. 심지어 이렇게 말할 수도 있다.

"그 법을 소급 적용시켜 주세요! 우리만 억울하게 지붕을 날리지 않았습니까! 예전 모든 수리비를 제가 전적으로 부담했다고요!"

이들의 하소연은 먹혀들지 않을 것이다. 제도가 언제나 과거의 피해자들까지 구제할 수는 없다. 단지 한번 일어난 피해를 보며 반성하면서 앞으로의 피해를 좀 더 줄여 보고자 사회적 합의 과정을 통해 노력하는 것이 최선이다. 미제스의 말처럼, 물리학이 "영구운동이란 없다"고 증명하고 생물학이 "모든 생물은 반드시 죽는다"고 증명해 주더라도 물리학이나 생물학 그 자체에 죄가 있는 것은 아니라는 점을 알아야 한다. 단기적으로 피해를 보는 사람이 있다고 하더라도, 그 해악을 최대한 사회적 합의를 통해 극복해 나가야 한다. 그렇게 결국 장기적으로 안정과 번영을 추구하도록 유도 하는 것이 경제학자들의 신성한 의

무일 것이다.

사람들이 경제학에 대해 특히 날카로운 비판의 칼날을 들이대는 이유는, 장기 대책으로 인한 피해라는 것이 '이미 발생한 것'이 아닌 '앞으로 명백히 발생할 것으로 예상되는' 경우가 많다는 점이다. 피해를 입을 것으로 예상되는 사람들이 명백히 있는데 장기적 전망에 기초한 경제 정책을 내놓기는 쉽지 않다. 국민들에게 선심성 공약을 남발하는 포퓰리즘이 득세를 하는 것도, 결국 그것이 장기적으로는 아무리 해악일지라도 당장 돌아오는 이득에 유권자들의 눈이 멀기 때문이다.

결국 경제학자들이 생각해야 할 바는 '당장의 이득에 눈이 먼' 사람들을 어떻게 설득하느냐이다. 그런 사람들에게 "내 생각대로 하면 10년 후에는 훨씬 잘살 수 있어요"라고 말해도 진정성 있게 들릴 리 없다.

물론 세상의 변화는 예전보다 점점 더 빨라지기 때문에 과거에는 최소한 10년을 바라봐야 했던 정책 효과가 요새는 불과 1년, 심지어 몇 주만에 나타나는 경우도 많다. 그래서 자유주의자들이 사용하는 '장기'라는 단어의 의미가 꽤 단기적이 된 것도 사실이다. 그런 점에 희망이 있을지도 모르겠다.

하지만 여전히 당장의 내일을 걱정하는 사람들은 많다. 이들에게 어떤 복지를 제공하고, 어떻게 설득해 나가고, 어떻게 함께 잘사는 나라를 건설해 갈 것인지는 온전히 어려운 숙제로 남을 것이다.

성장의 열매를 공유하려면
카너먼

풍요의 시대, 호혜적 인간

응답하라 3저 호황

스태그플레이션 때문에 1982년까지 세계경제의 전망은 밝지 못했다. 미국에서는 레이건 집권 초기까지만 해도 전 부문에서 경기가 후퇴하던 상황이었다. 미국의 GDP는 1982년에 2.5퍼센트나 하락했으며 실업률은 10퍼센트까지 치솟았다. 이 당시 미국의 공장은 무려 3분의 1이나 멈춰 있었고 함께 닥친 석유 파동도 경기 하락을 부추기던 상황이었다.

이러한 하락세가 반전된 것은 1982년 이후의 일이다. 그리고 1984년

초부터 드디어 경기가 회복세로 돌아섰다. 그리고 제2차 세계대전 이후 가장 긴 호황을 맞았다. 주가도 상승하면서 미국의 GDP는 연평균 4.2 퍼센트씩 성장하기 시작했으며 물가상승률도 불과 3~5퍼센트에 불과 했다. 특히 1986년에는 2퍼센트를 밑돌 정도였다고 한다. 2021년 초에 나온 영화 〈원더우먼 1984〉 초반에 나오는 미국의 모습은 참으로 화려 하고 희망차 보인다. 바로 그런 '풍요'가 온 미국을 축복하고 있었다.

우리나라도 이 당시 3저(저유가·저금리·저환율) 호황 덕에 빠른 경제성장 을 달성할 수 있었다. 특히 반도체와 자동차, 산업용 전자 분야 등 기술 집약형 산업에서의 우위를 확보하는 데 성공하면서 이들 산업이 우리 나라 경제의 성장을 주도했다.

당시 어린이에 불과했던 내가 가장 기억나는 점은 높은 이자율이었 다. 적금의 이자가 무려 10퍼센트를 넘었는데 이 정도면 은행에 돈을 넣 어 두면 대략 7년 만에 두 배가 되는 이자율이다. 요새의 2퍼센트 정도 이자율이면 35년 정도 걸린다. 이자율을 강제로 높인 것도 아니다. 은 행이 그 정도 이자를 감당할 수 있었다는 얘기는 그만큼 수입도 올릴 수 있었기 때문이다. 은행의 주 소득원은 기업 대출 이자인데, 이는 즉 기업에 돈을 빌려줘도 10퍼센트를 웃도는 이자를 받을 수 있었다는 얘 기다. 기업이 이 정도의 이자를 감당한 것도 다 이유가 있다. 당시 기업 들은 돈을 빌려 와 사업을 해도 10퍼센트를 훨씬 웃도는 이득을 얻을 수 있었다.

그러니 순전히 자기 돈으로만 사업을 하는 행위는 바보짓이었을 것이다. 돈을 빌려 와 사업을 해도 충분히 그 이자를 감당하고 남는 수익을 얻을 정도였으니 말이다. 그만큼 경기가 호황이었다는 말이다(경기가 불황이 되면 이러한 행태는 독이 되어 돌아온다. 돈을 빌려 와 사업을 해도 이자 막기에 급급해지기 때문이다. IMF 이후 여러 기업의 재무제표를 까보니 BIS[자기자본비율]가 너무 낮아서 논란이 됐었다).

이자율이 워낙 높으니 당시의 가계저축률은 24퍼센트에 이를 정도였다. 번 돈의 4분의 1을 저축했다는 소리다. 가계의 저축률이 높다는 것은 그만큼 미래에 대한 희망이 넘친다는 뜻이다. 저축이라는 것은 아무래도 미래에 대한 희망이 있기 때문에 가능하다. 저축은 현재의 소득을 바로 소비로 연결시키지 않고 미래로 보류하는 행위다. 즉, 현재의 소비보다 미래의 소비가 더 효용이 크다는 판단이 들 때 저축이라는 행위가 일어날 수 있다. 소비 주체 입장에서는 '지금 쓰는 것보단 저축해 놓고 이자로 불려서 나중에 쓰는' 게 더 좋기 때문이다.

사람 하나하나에겐 모두 현재의 시간과 미래의 시간이 있다. 과거의 시간은 이미 소비해 버린 시간이니 논외로 하자. 이제 자신에게 이렇게 물어보자.

"내가 더 소중하게 생각하는 시간은 현재인가 미래인가?"

미래가 더 가치 있다고 생각하는 사람은 현재를 미래에 투자할 수 있는 사람이다. 이들에게 현재는 더 밝고 희망찬 미래를 만들기 위한 준비 기간이다. 이런 사람들에게 공동체는 소중하다. 자신의 후세를 생각해야 하니, 당연히 자신과 후세가 살아갈 공동체에 대한 마음이 깊어질 수밖에 없다. 이런 사람들일수록 사회봉사에 나서고, 기부에 적극적인 경우가 많다. 반대로 미래보다 현재가 더 가치 있다고 생각하는 사람 대부분은 당장 먹고 살기 급급한 사람들이다. 이들은 미래를 위해 투자할 여유가 없다. 이들에게 미래는 올지 안 올지도 모르는 불확실한 가치일 뿐이다.

이들을 구분할 수 있는 방법으로 보통 얘기하는 것이 바로 그 사람이 운동을 하느냐 않느냐의 여부다. 운동과 자기관리를 열심히 하는 사람들 대부분은 미래의 가치를 현재보다 높게 두는 사람들이다. 그러나 게으름만 피우고 당장의 욕구에만 빠져 사는 사람들 대부분은 미래 가치에 관심이 없다. 상당수의 알코올 중독자, 마약 중독자들이 바로 그렇다. 알코올과 담배에 빠져 허우적대다 어쩌다가 안정적으로 살게 된 사람들이 그제야 자기관리를 시작하는 경우가 많다. 미래가 보이기 시작했기 때문이다.

현재가치, 미래가치에 대한 얘기를 경제학적으로 돌려 보면 그 기준이 되는 것이 바로 이자율이다. 예를 들어 이자율이 0퍼센트라면 소비를 보류할 필요가 전혀 없다. 그러나 이자율이 높으면 소비를 보류하는 게 더 이득일 것이다. 성장에 대한 희망이 보이기 때문이다.

성장에 대한 희망이 꽃을 피웠던 상징적 시기는 아마 서울올림픽이 열렸던 1988년일 것이다. 내가 기억하기에도 당시에 "우리도 당당히 올림픽을 유치할 정도로 성장했다"는 자신감이 온 나라에 가득했다.

성장의 열매

경제가 충분히 성장하면 인간은 화폐에 크게 연연하지 않게 될 수도 있다. 당장 먹고살기에 급급하면 자식을 노동 현장에 내몰아야 할 정도로 사회가 피폐하고 혹독한 생존 현장이 되지만, 어느 정도의 소득이 보장된다면 이때 인간이 바라는 자화상은 '돈 버는 기계'보다는 자아실현이나 취미생활 쪽으로 쏠리게 될 것이다.

잘 알려진 경제 개념 중 엥겔지수라는 게 있다. 한 가정의 지출액 중에서 식료품비의 비중이 얼마나 되나 하는 것인데, 소득이 높으면 높을수록 엥겔지수는 낮아지는 경향이 있다. 이는 잘살수록 먹고사는 것보단 다른 곳에 더 가치를 둔다는 것을 의미한다. 물론 최근에는 유명 맛집 순회 등의 유행이 불면서 조금 얘기가 다르긴 하다.

"돈이 전부는 아니다"라는 생각은 원래부터 있었겠지만, 이게 보편적으로 대중에게 설득력을 갖기 시작한 시기도 이때부터라고 볼 수 있다. 경제학에도 흥미로운 변화가 일어나기 시작한다. 경제학자들도 "인간의 행동을 결정하는 게 꼭 자기이익 추구일 뿐일까?"라는 의문을 본격적으로 갖기 시작했다. 인간의 내면 깊은 속에 대해서 더욱 궁금해 하기 시작한 것이다. 흔히들 학계에서 '행태경제학'의 원년을 1979년으로 간주하는 것은 우연이 아니다.

행태경제학: 심리학과 경제학의 만남

행태(행동)경제학을 세상에 끌어낸 대표적 학자로 **대니얼 카너먼**(Daniel Kahneman, 1934~)을 꼽는다. 2002년에 노벨 경제학상을 수상한 그는 1934년 이스라엘의 텔아비브에서 출생한 유대인이다. 그의 개인적 에피소드에 대해 알려진 것은 극히 적지만 그가 본래 경제학자가 아니라 심리학자라는 부분은 흥미롭다. 그는 경제학에 심리학을 제대로 접목시키고 이를 대중에 알린 (거의) 최초의 학자이다.

물론 인간의 심리는 원래부터 경제학의 영역이었다. 물건을 사거나 돈을 벌 욕구의 바탕에는 당연히 심리적 요인이 있어야 한다. 그러나 고전경제학은 인간의 심리를 너무 '자기이익 추구'로만 한정한 측면이 있다. 1988년 노벨 경제학상을 받은 아마르티아 센(1933~)은 "동기와 시장에 관한 애덤 스미스의 복잡한 견해가 잘못 해석되고 감성과 행동에 관한 윤리적 분석이 간과됐다"고 강조한 바 있다.

물론 애덤 스미스 이후에도 케인스, 하이에크, 조지 카토너, 허버트 사이먼 등이 심리학적으로 탁월한 견해를 경제학에 반영해 왔지만 주류로 편입되지 못한 측면은 여전하다.

이를테면 '코스의 정리'를 보자. 1991년 노벨 경제학상을 수상한 로널드 코스(1910~2013)가 이론적으로 증명한 이 정리는 흔히 "경우에 따라서는 시장 기능이 외부효과의 비효율성을 해소할 수 있다"는 이론으로 얘기된다. 이를테면 폐수 배출권 같은 것이다. 비누공장이 강 옆에 새로 들어섰다. 이 공장에서는 필연적으로 폐수가 흘러나오게 되어 있다. 폐수를 정제하는 시설을 도입할 수도 있지만 그러면 공장주 입장에서는 도저히 수지가 맞지 않는다. 그의 입장에서는 폐수를 방류하는 게 이익이다. 이는 강 옆에 사는 주민들에게는 치명적 피해가 될 것이다.

이런 경우 피구 등의 경제학자들이 주장한 견해는 정부가 개입해야 한다는 것이었다. 그러나 반대로 코스는 "소유권이 잘 확립되고 거래비용이 없을 때에는 당사자들끼리 합의해 이런 문제를 해결할 수 있다"고 주장한다. 즉, 폐수 배출권을 공장주와 주민들이 서로 거래하여 합리적 합의에 이를 수 있다는 것이다. 이는 폐수 배출이 가져오는 피해의 가치에 대해 그들이 모두 합리적으로 잘 판단하고 있다는 전제에 기초한다. 즉, 코스의 정리는 인간이 백 퍼센트 자기이익을 추구하는 합리적 존재라는 가정 위에 세워진 가설이다. 많은 자유주의자들이 '시장의 완벽성'을 얘기할 때 흔히 거론하는 정리이기도 하다.

그러나 우리 주변을 둘러보자. 실제로 그런 일이 가능할까? 행태경제학은 이에 대해 단호히 부정한다. 왜냐하면 애초에 합리적 합의가 불가능하기 때문이다. 폐수 배출권의 합리적 가격을 공장주는 예를 들어 100만 원 정도로 생각할지 모른다. 그러나 주민들 입장에서 그 가격은 900만 원에 이를 수도 있다. 서로 생각하는 폐수의 피해가 다르기 때문이다. 500만 원에 합의한다는 것은 불가능하다. 공장주 입장에서는 너무 비싸고, 주민 입장에서는 너무 싸다. 이런 건 시장에서 합리적으로 합의할 수가 없다. 이런 경우에는 정부가 기업에게 폐수 정화시설을 지원하는 게 더 효과적일 수 있다.

인간의 행동은 그렇게 단순하지 않고 복잡다단하기 때문에 하나의 동력(자기이익 추구)으로 모든 것을 설명한다는 것은 애초에 들어맞는 얘기가 아니라는 게 행태경제학의 기본 인식이다. 요새는 여기서 더 나아가 뇌 속을 연구해 인간의 경제활동을 분석하는 '신경경제학'이란 분야가 생길 정도에 이르렀다.

새로운 지평

프로스펙트 이론

행태경제학을 이해하기 위해 먼저 필요한 두 가지 개념은 바로 '휴리스틱'과 '바이오스'이다. 이를 우리말로 해석하면 '직감'과 '편향'이라고 할 수 있을 것이다.

사람은 아무런 논리적 이유가 없어도 직감적으로 행동하는 때가 있다. 그냥 저거보단 이게 좋은 것이다. '사랑'의 예를 드는 게 대표적이면서도 아름다울 것이다. 이를테면 논리적으로 생각하면 아무리 자기와 어울리지 않는 상대라도 감정에 이끌려 결국 결혼하게 되는 그런 경우 말이다.

또한 우리는 직접적으로 경험하지 않았지만 역사적, 문화적으로 배우는 많은 교훈들에서 영향을 받는다. 이를테면 "가는 말이 고와야 오는 말이 곱다" "가재는 게 편" "바늘 도둑이 소 도둑 된다" 같은 것들이다. 이런 얘기들을 반복적으로 듣다 보면 아무래도 사회적 관습들을 체득하게 된다. 그러다 보니 합리적으로는 상대편 말이 맞아도 감정적으로 아내 편을 들게 되고, 아무리 착한 전과자라 하더라도 무언가 색안경을 끼고 바라보게 된다. 부정적인 경우만 있는 건 아니다. 이런 건 의외로 사회의 공동체성 유지에 꽤 도움이 된다. 서로 합의된 약속이 관습이 된 것이니 말이다. 이렇듯 인간은 합리적이기보다는 직관적인 동물일 수 있다.

바이오스란 '편향'을 말한다. 이를테면 홀짝 게임을 할 때 홀이 세 번 연속 나오면 다음에는 짝이 나올 것이라고 믿는 식이다. 카너먼의 실험 중에 이런 게 있다. 여러 사람을 대상으로 "당신은 행복합니까?"를 묻고 그다음에 "당신은 1개월간 데이트를 몇 번 했습니까?"를 묻는 것이다. 이때 피실험자들은 두 질문을 서로 상관이 없다고 인식했다. 그런데 질문의 순서를 바꾸자 상황이 달라졌다. 데이트를 많이 한 사람일수록 행복하다고 말하는 비율이 높아진 것이다.

이런 인식, 즉 인간이 그렇게 합리적인 존재만은 아니라는 가정 하에 카너먼이 자기 주장에 도입한 가장 핵심적 이론이 바로 '프로스펙트' 이론이다. 이 이론은 기대효용함수의 대체 이론으로 고안된 것이다. 경제학의 효용함수에 대응하는 '가치함수'와 확률의 체감도에 따른 '확률가중함수'로 구성된다(이 문단은 이해하지 못해도 좋다).

가치함수란 인간이 느끼는 가치가 꼭 수량에 비례하지는 않는다고 얘기한다. 즉, 100개 신발을 가질 때의 효용이 50개 신발을 가질 때의 2배는 아니라는 말이다. 그러나 앞서 무차별곡선을 설명하면서도 (동그라미 씨의 참치캔 예를 들어) 비슷한 얘기를 한 것처럼, 행태경제학만 이런 인식을 하는 건 아니다. 그러나 행태경제학만이 갖는 인간 행동의 기초에 대한 각별한 통찰은 바로 '사람은 이득을 좋아하는 것보다 손실을 더 싫어한다'는 것이다.

가만히 있는 경우와 2분의 1의 확률로 100만 원을 따거나 100만 원을 잃는 식의 내기를 고르라고 하면 상당수 사람들이 가만히 있는 경우를 택한다. 이득보다는 손실을 더 싫어하기 때문이다. 둘의 기댓값은 똑같지만 심리적 이유로 상당수 사람들이 가만히 있기를 택한다. 이들에게는 이득으로 볼 수도 있을 100만 원의 가치보다 손해 볼 수도 있을 100만 원의 가치가 더 크다. 이런 경향은 곧 '내가 가진 것을 지키고자 하는 습성'인 '보유효과'라는 심리적 성향으로 연결된다.

확률가중함수란 인간이 느끼는 확률이 정확한 확률이 전혀 아니라고 얘기한다. 일반적으로 사람들은 작은 확률은 더 크게 느끼고 큰 확률은 더 작게 느낀다. 대충 600만 분의 1의 확률이라는 로또를 매주 사면서 "이번에는 될 수도 있어"라고 기대하는 것이 바로 이런 성향 때문이다. 거꾸로도 마찬가지다. 예를 들어 95퍼센트 이상은 실패한다는 주식시장에 뛰어들면서 "나만은 예외야"라고 생각하는 것 말이다.

인간은 이기적이기만 할까

행태경제학은 이런 인식에 기초하여 인간의 경제행위를 새롭게 분석하고 있다. 그리고 또한 "인간은 이기적 존재야"라는 기존 경제학의 인식에도 많은 변화를 주고 있다. 많은 실험들을 통해 행태경제학은 인간이 이기적 존재이면서 동시에 호혜적 존재일 수도 있다는 것을 증명하고 있다. 인간은 이성적, 합리적 존재이면서도 감정을 갖고 있는 존재이고, 또 감정이라는 게 있기 때문에 오히려 불합리해 보이는 선택을 할 수도 있다. 이런 과정을 통해 행태경제학자들은 기존의 많은 경제학 이론들을 반박하고 있다. 이를테면 '합리적 기대 가설(인간은 완전히 합리적으로 움직이기 때문에 어떤 정책을 써도 결국 무용지물이라는 가설. 즉, 정부가 돈을 풀려고 하면 이미 사람들이 이를 예상해서 거기에 맞게 소비 행태를 바꿔서 정부의 재정 지출이 아무 소용없게 되는 식)' 같은, 실상 그 스스로 무용지물인 가설을 논박하는 데 유용하다. 어쩌면 새로운 경제학의 가능성이 우리가 눈치 채지 못하는 사이에 펼쳐지고 있는지 모른다.

대니얼 카너먼을 위시한 행태경제학자들은 아직 주류경제학에 제대로 편입하지 못하고 있다. 이들의 이론은 기존 경제학처럼 수학으로 멋지게 증명되지도 않고 사실 일관성도 별로 없다. 너무나 '우발적'인 요소에 의존하는 측면이 강하다. 그러다 보니 이런 경우도 있고 저런 경우도 있다. 미시적으로는 통일성이 부족하고 거시적으론 별로 쓸모가 없다는 비판마저 받는다.

사실 생각해 보면 행태경제학의 문제 제기는 전혀 새로운 인식만은 아니다. 애초에 언급했듯이 애덤 스미스 같은 진짜 고전경제학자들이 관심을 가졌던 분야는 인간의 도덕성이기 때문이다. 결국 다시 처음으로 돌아가는 것일까?

자유의 '무게'를 생각한다

진짜 자유, 가짜 자유

지금까지 이 책을 읽어 주셔서 감사드린다. 복잡하고 미묘한 경제학의 이론들을 단순화하여 설명하려니 상당한 왜곡과 오해가 있을 것이라 책을 덮는 이 시점에서도 여전히 마음이 불편하다.

이 책은 전반적으로 경제를 번영시켜, 즉 한 사람 한 사람을 풍요롭게 만들어 그들이 자유를 얻게 하는 것이 얼마나 중요한지 다룬 책이다. 그런 점에서 "사실 인간은 돈에서마저 자유로운 존재일 수 있다"고 강조하면서 책을 마칠 수 있다는 점은 무척 행복한 일이다.

책의 마무리를 행태경제학자 카너먼으로 했는데 경제학사를 보면 그 외에도 경이로운 사상의 발견은 계속되고 있다. 특히 뷰캐넌, 게리 베커, 로버트 루카스, 아마르티아 센, 조지프 스티글리츠, 폴 크루그먼 등 쟁쟁한 현대의 거장들에 대해서 다루지 못한 점이 아쉽다. 책의 흐름상의 문제이기도 하지만, 솔직히 거기까지 다루기에는 버겁기도 하다.

애초에 얘기했지만 이 책이 경제학의 발전 여정을 바라보는 관점은 '자유'다. 자유만이 인간을 해방으로 이끌고, 풍요롭게 살 수 있도록 돕는다. 그 긴 여정이 경제학의 발전 여정이라고 나는 생각한다. 그렇다면 자유란 무엇일까?

자유는 천부적으로 하늘에서 주어진 것도 아니고 태어날 때부터 부모님이 주시는 것도 아니다. 자유를 쟁취하기 위해 우리 인류는 지난 수천 년 동안 싸워 왔다. 그만큼 자유는 인간에게 가장 고귀한 가치이다.

태초의 인류는 개인보다는 공동체적 삶에 더 집중할 수밖에 없었다. 척박하고 공격적인 환경 속에서 살아남으려면 '전체'의 힘에 기대지 않고서는 다른 방도가 없었다. 혼자 잘났다고 설치다가는 자칫 맹수에 물려 죽거나 어디 가서 굶어 죽거나 얼어 죽을 테니 말이다. 살아남기 위해 다 함께 힘을 모아 협력해야 하는 것이 우리 인류의 가장 큰 과제였다. 이런 환경에서 개인의 자유를 부르짖는다는 것은 어불성설이다. 태초의 인류에게 자유라는 것은 상상조차 못 할 관념이었다.

그러나 시간이 흐르면서 우리 인류는 점점 각자 살아갈 수 있는 방법을 배우기 시작했다. 그리고 차츰차츰 자유라는 것을 애타게 찾아 헤매기 시작했다. 그것은 관념적인 철학의 덕분도 아니고 종교적인 힘에 기대서도 아니다. 오직 우리의 처지가 나아졌기 때문이다. 그래서 우리는 그간의 권력자, 압제자들에게 "이제 우리도 너희처럼 훌륭한 삶을 살 수 있도록 해 달라!"고 요구하기 시작했다. 그러나 권력자, 압제자들이 이에 순순히 수긍할 리가 만무했다. 당연히 갈등이 생기고 투쟁이 벌어졌다. 명예혁명, 프랑스 혁명, 미국 독립전쟁 등이 다 그런 갈등과 투쟁의 결과물이다. 그리고 이런 싸움에서 끝내 이겨 낸 민중들이 그토록 소중한 자유의 가치를 온 세상에 퍼뜨렸다.

진정한 자유란 결국 '자기 마음대로 마음껏 하는 것'이다. 이런저런 말들을 하지만 사실 이것이야말로 자유의 근본적 정의이다. 그러나 우리는 여기에 또 다른 기준을 세웠다. 바로 '책임'과 '의무'라는 것이다. 그러나 책임과 의무를 달고 사는 자유는 결코 진정한 자유가 아닐 것 같다. 내가 예전에 낸 책 『동그라미 씨의 말풍선』 중 한 일화를 읽어 본다. 제목은 '자유의 무게'이다.

평생 자유를 꿈꿔 오던 동그라미 씨였지만, 게으르고 무책임한 그의 성격상 진정한 자유가 무엇인지에 대해선 고민해 본 적도 없고 잘 몰랐다. 당연히 진정 자유로워지는 법을 도무지 찾지도 못했다. 그가 제일 좋아하는 자유라는 게, 회사에서 퇴근하고 오면서 아내 몰래 맥주 한 캔 사서 먹는 정도였으니 말 다 했다.

어린이가 엄마 지갑에서 동전 훔쳐도 아무도 몰랐다는 정도의, 술을 조금 먹었는데 티가 안 나 아내가 모르더라는 짜릿함 정도의 자유. 몰래 무단횡단을 하자마자 나를 따라온 다른 사람만 단속에 걸려서 나만큼은 자유롭게 무단횡단을 했다는 정도의 치졸한 자유.

'그래도, 자유라는 것은 내 마음속에 있는 게 아닐까? 그러니까 내가 내 본연으로 자유롭다면 난 자유로운 거지.'

어디서 주워들은 말은 있어서 동그라미 씨는 이런 생각을 했고, 스스로 자유롭다고 뽐내고 다니곤 했다. 뽐낸대야 아무도 인정해 주지 않는데 스스로 그렇다고 내세우는 정도였다.

"내가 스스로 자유로운데, 너희들이 뭔데 나한테 뭐라고 하는 거야?"

동그라미 씨가 벽돌 씨에게 이렇게 말하자 참다 못 한 벽돌 씨가 그를 비꼬았다.

"자유를 제대로 누리기 위해 수반해야 하는 책임과 의무가 얼마나 막대한지 아나? 자네는 그 무게를 감당할 수 있겠나?"

벽돌 씨의 비꼬는 말에 동그라미 씨의 마음이 상했다. 그러나 워낙 흔히 들어 오던 말이기에 감히 대들진 못했다. 동그라미 씨는 말이 막혀 버렸다. 동그라미 씨는 냉큼 벽돌 씨에게 그렇다면 진정한 자유가 어떤 것이냐고 물었지만 벽돌 씨는 질문으로 대답을 대신했다.

"자유가 그토록 무겁고 괴로운 것이라면 사람들이 왜 그리 자유를 찾을까?"

"몰라. 자유가 싫어지기 시작했어."

"그럴 필요까지야. 자유를 몸에 붙이고 다니는 딱지 정도로 생각해 봐. 그런데 자유라는 딱지에 책임과 의무가 대롱대롱 매달려 있어. 그게 너무 무겁다면 붙이고 다닐 수도 없겠군. 어떻게 해야 할까?"

"네 말대로라면 책임과 의무를 떼어내야 하는 거잖아."

"그렇지. 책임과 의무를 떼어낸 자유를 즐겨야지."

"그건 자유가 아닌 방임이라고 들었는데."

"좀 다르게 생각을 해 보자."

네모 씨가 이집트의 신 야누비스 얘기를 꺼냈다. 저승사자 야누비스는 사람이 죽어서 심판을 받을 때 그 사람의 심장을 꺼내 무게를 잰다고 한다. 그런데 그 무게가 깃털보다 무거우면(더러우면) 그의 영혼을 갈기갈기 찢어 버린다. 반면에 깃털보다 심장이 가벼우면(깨끗하면) 죄가 없는 것이란다.

"왜 그런 미신 같은 얘기를 내게 하는 거지?"

"난 진정한 선은 진정한 자유와 합일한다고 생각해."

"그런데?"

"이집트인들은 진정한 선을 이루기 위해선 착해야만 한다는 압박에서 벗어나야 한다고 생각했나 봐. 남의 눈을 의식한, 혹은 도덕률에 억지로 맞춘 선은 선이 아니라는 거지. 진정한 선한 인간은 행동 자체에서 선이 묻어나야 한다는 거지. 자유도 혹시 그런 건 아닐까? 자유로운 척 행동하면서 책임과 의무를 되돌아보는 것은 진정한 자유가 아니라는 거야. 책임과 의무가 붙어 다니는 것은 자유가 아닌 권리지. 자유라는 것은 진실된 성찰에서 오는 것이라네. '진리가 너희를 자유케 하리라'라는 말도 있잖아. 자, 이제 알겠나? 자유에서 책임과 의무를 떼어 내는 방법이네."

"정말 어렵다."

동그라미 씨가 불만스러운 듯 중얼거리자 네모 씨가 신이 나서는 짝 하고 박수를 쳤다.

"그래, 그래서 진정한 자유는 정말 어렵지. 천국 가기가 어렵듯이. 책임과 의무 따위 무겁기만 것들을 전혀 생각하지 않아도 홀로 자유로울 수 있어야 해."

"아니, 내 말은 네가 하는 말이 어렵다는 거야. 네 말은 무슨 말인지 도무지 모르겠어."

동그라미 씨가 입을 삐쭉거렸다.

썰렁한 우화지만 의도는 알 수 있으리라 믿는다. 진짜 자유로운 자는 거리낌 없이 행동해도 남에게 피해를 주지 않는다. 가짜로 자유로운 자는 그 자유를 남용해 남들의 자유를 짓밟고 해치고 다닌다. 길거리에 쓰러진 사람을 보고 다가가 지갑을 훔칠 자유는 가짜다. 쓰러진 사람을 보며 앰뷸런스를 부를 수 있는 자유만이 진짜 자유다.

미래는 지금의 선택에 달렸다

진짜 자유롭기 위해서는 끊임없이 자기성찰을 하지 않을 수 없다. "지금 내가 하는 행동이 과연 자유로운 것일까?"라는 질문은 곧 "지금 내가 하는 행동이 내 양심의 무게에 걸맞은 것인가?"라는 질문과 동치여야 한다.

자유를 이렇게 정의 내리는 것이 흔한 개념은 아니다. 자유에 대한 일반적으로 합의된 정의는 여전히 책임과 의무를 강조하는 자유이다.

그런 차이점 때문에 보통의 정의와 내 정의 사이에 논쟁은 있을 수 있다. 뭐 사실 별 문제는 없다. 엄밀한 철학적 부분에서의 논쟁일 뿐이지, 현실에서 드러나는 행태로 내가 생각하는 자유와 보통의 자유는 전혀 다르지 않다. 책임과 의무를 강조하는 자유 개념에 집중한다고 해도 여전히 남의 지갑을 훔칠 자유 따위는 없다.

자유주의자들에 대해 많은 사람들이 알고 있는 프레임은 철저히 잘못된 것이다. 진짜 자유주의자들은 결코 남을 해할 생각을 하지 않는다. 일각에서 주장하는 대로 '자본의 자유만을 외치는 돈의 노예'들도 아니다. 자유주의자들이 추구하는 최상의 가치는 말 그대로 '자유'일 뿐이다. 그것이 어떤 자유인가 하면, 바로 '진짜 자유'다.

만약 사상에 매력이 없다면, 이를테면 그 사상이 이기적이고 파괴적인 사상일 뿐이라면 그 사상은 결코 확대재생산되면서 후학들을 유지해 갈 수 없다. 사상에 나름 매력과 가치가 있기에 그 사상을 따르는 사람들이 생기는 것이다. 공산주의 사상이라도 그 속에는 '모든 인간을 자본에서 해방시킨다'는 매력이 있다. 자유주의도 마찬가지다. 자유주의 역시 분명한 매력과 가치가 있다. 나아가 자유주의는 세상의 발전원리와 우리의 도덕과 철학의 진화적 발달 과정을 설명하는 강력한 도구이며 또 윤리적 기준이 되어 주기도 한다.

본문 내내 설명해 왔듯이 자유만으로 모든 것이 해결된다고 믿는 것은 분명 무리일 것이다. 모든 사람이 다 숭고한 성찰과 반성을 하면서 자기의 자유를 갈고 닦는 사회가 있다면 굉장히 이상한 사회다. 실상 사회는 진흙탕과 같아서 그 속에서 살아남으려면 지저분하게 뒹굴고 더럽게 몸을 섞어야 할 수밖에 없다. 그렇기에 개인의 자유도 소중하고 공동체적 역할도 필요하다는 것이다.

태초의 인간에서부터 내면화되어온 공동체적 윤리의식 때문에 개인주의자와 자유주의자가 차가워 보일 때가 많다. 그러나 이는 극복해야 한다. 다른 부족 사람을 만나려면 수십 일을 이동해야 했던 과거와 달리 이제는 24시간 이내에 얼마든지 다른 국가 사람을 만날 수 있다. 전혀 모르는 사람과 SNS로 소통하는 경우도 있다. 과거의 공동체적 윤리 기반과 현재의 익명 사회의 윤리 기반은 결코 같을 수 없다. 비록 차갑고 매몰차 보여도 개인주의와 자유주의는 결국 현대 인류가 갖춰야 할 소양이 되고 있다.

불과 500년 남짓한 시간 동안의 인류사를 개괄적으로 설명하면서 내가 계속 생각한 것은 결국 '자유의 확대'라는 주제이다. 그 확대가 직선적으로 이뤄져 온 것은 아니다. 구불구불 비뚤어지게 자라 왔다고 보는 게 맞다. 어떨 때는 심각하게 자유가 손상되어 전체주의의 광풍에 온 인류가 학대를 받을 때도 있었다. 게다가 '자유의 확대'는 지금 현재에도 제대로 완성되지 못했다. 우리는 과연 언제가 되어야 비로소 제대로 '자유'라는 아이가 성장해서 어른이 된 것을 볼 수 있을까? 먼 미래의 일일 수도 있고, 가깝게는 10년 안에 갑자기 이뤄질 수도 있다. 그러나 언젠가는 꼭 이런 미래가 찾아올 것이라고 나는 믿는다.

미래를 예측하기 힘든 이유는 그것이 사람들의 선택에 달려 있기 때문이다. 어떠한 상황에서 우리 각자는 A라는 행동을 할 수도 있고 B라는 행동을 할 수도 있다. 우리는 그 선택의 방향을 결코 강요할 수 없다. 그 각자의 자유로운 선택들이 모이고 모여서 우리 시대의 미래를 결정할 것이다.

우리가 지금 어떤 선택을 하느냐에 따라 우리의 미래가 시시각각 달라질 것이다. 미래는 전적으로 우리의 몫이다.

김수행, 『정치경제학원론』, 한길사, 1990.

김정호, 『법, 경제를 만나다』, 프리이코노미스쿨, 2014.

도메 다쿠오, 우경봉 옮김, 『지금 애덤 스미스를 다시 읽는다』, 동아시아, 2010.

도모노 노리오, 이명희 옮김, 『행동경제학』, 지형, 2007.

루트비히 폰 미제스, 이지순 옮김, 『자유주의』, 자유경제원, 2014.

리오 휴버먼, 장상환 옮김, 『자본주의 역사 바로 알기』, 책벌레, 2000.

마르크스·엥겔스, 최인호 옮김, 『칼 맑스, 프리드리히 엥겔스 저작선집 1』, 박종철출
     판사, 1997.

민경국, 『경제사상사 여행』, 21세기북스, 2014.

박정자, 『우리가 빵을 먹을 수 있는 건 빵집 주인의 이기심 덕분이다』, 기파랑, 2020.

송복·복거일 엮음, 『나를 깨우는 33한 책』, 백년동안, 2014.

양동휴, 『대공황 시대』, 살림, 2009.

에릭 홉스봄, 정도영·차명수 옮김, 『혁명의 시대: 시민혁명과 산업혁명』, 한길사, 1998.

우에노 이타루, 신현호 옮김, 『세계사를 지배한 경제학자 이야기』, 국일증권경제연구
     소, 2003.

유시나, 『10인의 경제학자가 남긴 위대한 유산』, FKI미디어, 2014.

장하준, 안세민·김희정 옮김, 『그들이 말하지 않는 23가지』, 부키, 2010.

장하준, 형성백 옮김, 『사다리 걷어차기』, 부키, 2004.

제레미 리프킨, 이희재 옮김, 『소유의 종말』, 민음사, 2001.

제레미 리프킨, 최현 옮김, 『엔트로피』, 범우사, 1998.

조나단 B. 와이트, 안진환 옮김, 『애덤 스미스 구하기』, 생각의나무, 2009.

좌승희, 『박정희, 살아있는 경제학』, 백년동안, 2015.

주한 미국대사관 공보과, 『미국의 역사』, 2004.

토드 부크홀츠, 이승환 옮김, 『죽은 경제학자의 살아있는 이야기』, 김영사, 2009.

파울 프뢸리히, 최민영 옮김, 『로자 룩셈부르크: 생애와 사상』, 책갈피, 2000.

프랜시스 후쿠야마, 이상훈 옮김, 『역사의 종말』, 한마음사, 1992.

프리드리히 하이에크, 신중섭 옮김, 『치명적 자만』, 자유경제원, 1996.

경제학의 역사는 자유의 역사

애덤 스미스부터 카너먼까지

초판 1쇄 발행   2021년 4월 1일

지은이   홍훈표
펴낸이   안병훈
펴낸곳   도서출판 기파랑
등 록   2004. 12. 27 제300-2004-204호
주 소   서울시 종로구 대학로8가길 56 동숭빌딩 301호   우편번호 03086
전 화   02-763-8996(편집부) 02-3288-0077(영업마케팅부)
팩 스   02-763-8936
이메일   info@guiparang.com
홈페이지   www.guiparang.com
ⓒ 홍훈표, 2021

ISBN 978-89-6523-592-7   03300